진로와 취업전략

Career & Employment Strategy

"교수님! 저는 졸업 후에 무엇을 해야 할까요?"

코로나19를 겪으며 취업준비가 더 막막해졌어요!!

많은 대학생들이 토로하는 고민이다.

대학생들에게 진로설정과 취업준비는 더 이상 미룰 수 없는 과제이다.

막연하게 동경하는 직업을 머릿속에 그리는 것이 아니라 원하고자 하는 취업을 위해 목표를 설정하고 준비에 매진해야 하는 시기이다. 하지만 아직도 많은 대학생들은 자신의 진로와 취업에 대한 막연함과 두려움을 호소하곤 한다.

최근에는 위드코로나 시대를 맞이하면서 대다수의 기업들이 온라인 채용박람회, 언택트 채용, AI면접 등을 도입하자 취준생들은 다소 생소한 취업시장의 변화를 겪으며 마음은 더 무거워졌다.

이 책은 코로나19 팬데믹(Pandemic)을 넘어 패닉(Panic)을 겪고 있는 취준생들이 진로설정과 취업준비에 무엇부터 시작해야 하는지, 왜(WHY), 무엇을(WHAT) 어떻게(HOW) 준비해야 하는지 취업 준비가 막연한 대학생들에게 고민을 덜어주기 위해 집필되었다.

<진로와 취업전략>책 전반은 자신에 대한 충분한 탐색과 취업에 필요한 기초 전략들을 단계적으로 학습할 수 있도록 구성하였다. 초반부에는 자신에 대한 이해를 바탕으로 스스로 진로를 설정하고 직업 선택을 돕기 위한 내용으로 이루어

져 있으며 진로 취업의 기초 개념, 취업 마인드, 자기 이해와 목표 직업 설정 훈련으로 구성되어 있다. 후반부는 실질적인 취업 준비를 위해 필요한 기업분석, 취업서류 작성법, 면접의 기초자세부터 심층면접 전략, 산업체가 요구하는 사회매너와 기초 능력을 중심으로 집필하였다. 면접이나 말하기에 대해 더 깊이 공부하고 싶은 독자는 본인의 저서인 <말을 잘하는 법 3M법칙만 기억하라> 도서를 참고하면 도움이 될 것이라 생각한다.

후반부는 실질적인 취업 준비를 위해 필요한 최근 코로나 이후의 취업시장분석과 기업분석, 취업서류 작성법, 면접의 기초자세부터 AI면접 전략, 산업체가 요구하는 사회매너와 기초능력을 중심으로 집필하였다.

자신에 대한 이해 부족, 미래에 대한 불확실성, 현실에 대한 장벽 등으로 진로와 취업에 대해 고민만 하고 있다면 더 이상 미루거나 방관하지 말고 성공적인 취업을 위해 한 발자국씩 준비해보자. 이 교재가 취업에 대한 자신감과 취업 경쟁력이 필요한 대학생들에게 성공적인 취업의 발판과 길잡이가 되어주기를 바란다.

끝으로, 본 교재의 출판에 애써주신 한올 출판사 임직원 여러분들의 노고에 깊이 감사드린다.

이주진

CONTENTS
차례

CHAPTER 1 진로

1 주체적인 대학생활 ·· 010
2 진로와 진로발달 ·· 011
3 진로설계 ··· 017

CHAPTER 2 취업

1 직업의 이해 ·· 030
2 직업 환경의 변화 ·· 033
3 최근 취업동향 ··· 035
4 취신 취업시장 트렌드 ····································· 042
5 미래사회 트렌드 ··· 047

CHAPTER 3 자기이해

1 생애가치관 ·· 056
2 직업가치관 ·· 057
3 성격 ··· 063
4 흥미 ··· 079

CHAPTER 4 직업정보

1 목표 직업 설정 ··· 088
2 나의 의사결정 유형 진단 ································· 090
3 직업정보란 ·· 098
4 직업정보 탐색 방법 ·· 099
5 직업정보 사이트 ··· 101

진로와
취업전략

CHAPTER 5 직무정보

① 직무란 ··· 126
② 직무의 종류 ··· 127
③ 직무를 탐색하는 방법 ··· 128
④ 직무역량 ·· 131
⑤ 직군별로 중시하는 역량 ····································· 134
⑥ 직무 공통역량 ··· 135

CHAPTER 6 기업 탐색

① 대기업 ··· 144
② 공기업 ··· 146
③ 중소기업 ·· 147
④ 외국계 기업 ··· 148
⑤ 강소기업 ·· 150
⑥ 기업정보 ·· 151
⑦ 기업의 채용 ··· 160
⑧ 기업 인재상 ··· 161

CHAPTER 7 입사지원서 전략

① 입사지원서의 중요성 ··· 170
② 이력서의 종류 ··· 172
③ 이력서 구성요소 ··· 173
④ 이력서 작성 방법 ··· 174
⑤ 이력서 작성 시 주의사항 ····································· 180

CHAPTER 8 자기소개서

1 자기소개서의 의미 ──────────── 188
2 자기소개서의 기본요소와 작성법 ──── 189
3 자기소개 작성 시 주의사항 ─────── 194

CHAPTER 9 NCS역량기반 입사지원서

1 NCS기반/역량기반 채용 ──────── 204
2 NCS기반 능력중심 입사지원서 작성 ── 208
3 최근 역량기반 자기소개서 ─────── 211
4 역량기반 자기소개서 STAR 작성 기법 ── 212
5 블라인드 채용과 표준 이력서 자소서 ── 215

CHAPTER 10 면접준비

1 면접의 의미 ──────────────── 224
2 면접의 유형 ──────────────── 225
3 면접 전 체크리스트 ────────── 229
4 화상면접(Untact) ─────────── 231
5 AI 면접 ──────────────── 233

진로와
취업전략

CHAPTER 11 면접전략

❶ 면접 이미지메이킹이란 ·· 240
❷ 시각적 이미지 ·· 242
❸ 행동적 이미지 ·· 245
❹ 청각적 이미지 ·· 246

CHAPTER 12 실전면접

❶ 면접 1분 자기소개 ·· 254
❷ 면접 질문의 유형 ·· 260
❸ 면접 기출 질문 리스트 100가지 ······························ 261
❹ 면접 Best 질문과 답변하는 방법 ······························ 264
❺ 면접 스피치 프로세스 ·· 266
❻ 면접 질문에 답변법 FEO ·· 268
❼ 압박면접 대응법 ··· 270
❽ 면접 주의사항 ··· 272

CHAPTER 13 성공적인 직장생활

❶ 성숙한 직장생활의 필요성 ·· 278
❷ 직장인이 갖추어야 하는 자기관리능력 ······················· 279
❸ 인사 예절 ··· 284
❹ 전화 예절 ··· 286
❺ 명함 예절 ··· 288
❻ 이메일 예절 ·· 293
❼ 언어 예절 ··· 295

참고문헌 ··· 301

진로와
취업전략

Chapter 1 진로

학습 내용 　성공적인 대학생활이 무엇인지 고찰해보고,
　　　　　　진로의 개념과 진로설계 학습의 필요성을 이해한다.

1 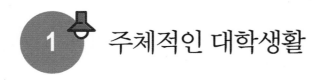 주체적인 대학생활

고등학생까지는 미성년자로서, 부모님의 지원 아래 학업에 열중하는 삶이 주를 이루었다. 부모와 선생님의 지도 아래 입시 이외 다양한 활동이 비교적 어려웠고 타율적이고 수동적인 생활이 주를 이루곤 했다. 하지만 대학생이 되어서는 성년자로서 내가 주체적으로 선택하고 그것에 대해 책임을 지는 시기이다. 학업을 통해 전문지식을 쌓을 뿐 아니라 학업 외 다양한 경험과 도전을 통해 성숙한 인격체로서의 나 자신을 성장시킬 자율적 기회가 많아지는 시기이다. 사회에서 법적 행동범위가 폭넓어졌으며 경제적인 활동도 가능하다. 특히 진로와 취업에 대한 심도 깊은 고민을 통해 앞으로 어떻게 살아갈지, 미래에 어떤 일을 통해 자아를 실현할 수 있을지, 어떤 일을 통해 생계를 유지하며 만족감을 얻을 수 있을지 진로를 결정하고 본격적인 취업 준비를 맞이하는 시기이기도 하다. 따라서 고등학생과는 다른 마음가짐으로 내 삶을 주체적으로 맞이하고 현실적인 취업의 세계로 용기 있게 발을 내딛는 시기가 대학 시기이다.

쉬어가기

나로서기란?

나로서 + 홀로서기. 외부의 치유에 기대지 않고 자존감의 원천을 나에게서 찾으면서 나로서 홀로서려는 20대를 설명하는 신조어이다.

새 학기를 시작하는 나로서기 자세는? 어떤 시간(학기)을 보내고 싶은가, 하고 싶은 것, 새로 시작할 수 있는 것 위주로 적어보자.

2 진로와 진로발달

1 진로

진로(進路,Career)란? 앞으로 나아갈 길이란 뜻으로, 어떻게 살 것인가를 포함하는 폭넓은 개념이다. 개인의 다양한 역할을 고려하여 자신의 삶 전체를 설계해 나가는 의미를 가지고 있다. 또한 자신이 누구인지, 어떤 장점을 가지고 있는지, 하고 싶은 것이 무엇인지 등 복잡하고 힘든 세상을 잘 살아가기 위한 목표를 설정하는 것을 진로계획이라고 한다.

인생은 속도가 아니라 방향이다.

2 진로발달

진로도 발달한다. 인간은 한평생의 기간 동안 시간의 흐름에 따라 변화와 안정이 주기적으로 바뀌며 다음 시기로 전환할 때 도전과 과제가 달라진다. 따라서 진로를 설정할 때에는, 인생주기와 주기별로 개인이 일생 동안 마주하게 되는 커리어 문제를 해결하기 위해 진로발달 과정을 한 번쯤 살펴보고 진로를 설계할 필요성이 있다.

- 생애: 살아 있는 한평생의 기간
- 생애주기: 시간의 흐름에 따라 변화해 나가는 개인생애의 일정한 단계별 과정
- 개인생애주기: 영아기, 유아기, 아동기, 청소년기, 성년기, 중년기, 노년기로 구분
- 가족생애주기: 가정 형성기, 가정 확대기(자녀 양육기, 자녀 교육기), 가정 축소기
    (자녀 독립기, 노후기)

대학생의 생애시기적 의미: 본격 취업준비시기

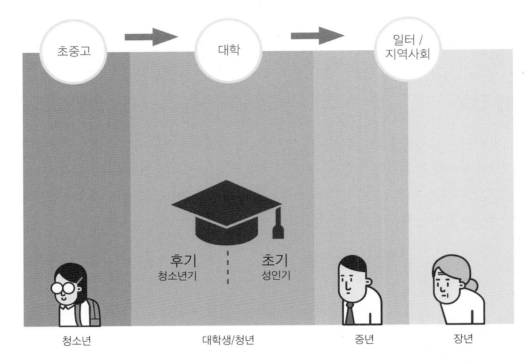

출처 2017 하계 대학일자리센터

    진로심리학자 Levinson은 성년기를 인생 항로(Life course)라는 용어로 생애 발달단계를 설명하고 있는데, 성년을 세 가지 시기로 구분한다. 성년 초기 17~45세, 중기 40~60세, 성인후기 60세 이상으로 구분했다. 이 세 가지 성년 시기는 다시 한번 진입기, 전환기, 절정기 등으로 나뉜다. Levinson의 진로발달단계에 따르면, 대학생활은 성년 전환기에 속하며 진입기, 30대 전환기, 절정기로 가면서 진로가 발달한다고 보고 있다. 이렇듯, 진로도 지능의 발달이나 정서 사회성의 발달처럼 발달의 단계를 거치게 되며, 이러한 변화와 발달은 전 생애에 걸쳐 일어난다.

 Levinson의 인생과업 진로발달단계

성년기 전환기 17~22세	• 주요 과제: 부모와의 관계 변화와 인생구조 변화, 자기이해, 진로탐색
성년기로의 진입 22~28세	• 주요 과제: 성년기의 초보적인 인생구조를 구축 • 결혼과 자녀, 이성과의 관계, 직업에 대한 관심 사회적 모임으로 이루어짐 • 꿈과 스승이 중요
30세 전환기 28~33세	• 주요 과제: 탐색의 시기는 끝나고 개인의 생활양식이 어느 정도 확립, 자기성찰
성년기의 절정기 33~40세	• 주요 과제: Levinson이 '안정'이라고 불렀으며 젊은 시절의 열망을 실현시키려는 일관된 노력을 함 • 가족, 직업 및 사회에서 확고하게 자신의 삶을 뿌리내림 • 일에 대한 의욕이나 패기가 절정
성년 중기 전환기 40~45세	• 주요 과제: 지금까지 어떻게 살아왔는가 다시 한번 재점검하며 꿈을 수정함
중년입문기 45~50세	• 주요 과제: 새로 계획한 꿈을 지속적으로 밀고 나가며 인생구조에 대한 관심과 재확립
50세 전환기 50~55세	• 주요 과제: 잘 살아왔는지 돌아보고 중년 생활 재조정하기
성년 중기의 정점 55~60세	• 주요 과제: 두 번째 중년 생활 확립하기, 퇴직 전까지 열심히 일함
인생 후기의 전환기 60~65세	• 주요 과제: 은퇴와 노후에 대한 대처 준비, 자존심 유지
성인 후기 66세 이상	• 주요 과제: 인생후기 구조 만들기

워크시트

생애 뉴스 작성

인생의 새로운 과업을 마주할 때마다 다음과 같은 공통된 질문이 화두가 된다.

"내가 가고 있는 이 길이 맞는가."
"나는 지금 잘하고 있는 것인가."
"앞으로 무엇을 어떻게 해야 하나."라는 고민이다.

지난 과거를 돌이켜보고, 미래에 닥칠 과업을 미리 예상해보며 생애 전반에 걸쳐 일어날 수 있는 생애 뉴스를 작성해보자. 과거는 기억 나는 일 중 중요한 것 위주로 작성해보자. 미래는, 일어날 수 있는 일을 유추하여 작성해보자.

만족							
	출생	10대	20대	30대	40대	50대	60대 이후
불행							

3 진로설계

한국산업인력관리공단, 취업포털 잡코리아 의뢰 설문조사 응답자 가운데 절반 이상인 66.9%가 "청소년기에 희망했던 직업과 현재의 직업이 일치하지 않는다"고 답했다.

그 이유로는, '능력이 부족해서' 31.1%, '진로설계가 제대로 이뤄지지 않아서' 27%, '직업에 대한 기준이 바뀌어서' 16.8%로 나타났다.

취업에 필요한 능력이 있다면, 그 능력을 개발하고 훈련을 할 수 있는 경제 시간 등을 꼼꼼히 따져보아야 한다. 내가 원하지만 얻지 못한 이유는 다양할 수 있다. 경제적인 요소, 환경적인 요소, 시간적인 요소, 심리적인 요소 등이 있다. 따라서 대학생활 초기부터 취업에 대한 관심을 가지고 어떤 능력이 필요한지 단계적인 준비를 하는 것이 성공적인 취업에 큰 도움이 될 것이다. 또한 진로설계가 제대로 이뤄지지 않았다고 후회하는 직장인들이 많은 것으로 나타났다. 최근 신입사원 이직과 퇴사율이 증가하고 있는 것과 일맥상통하는 부분이다. 나의 능력뿐 아니라 나의 적성과 흥미 그리고 내가 소중하게 여기는 가치와 이질적일 경우, 취업 후 혼돈과 어려움을 겪을 수밖에 없다. 따라서 취업을 준비하는 데 있어, 자신에 대한 충분한 이해와 탐색이 필요하다는 것을 확인할 수 있다.

다음으로 직업에 대한 기준이 바뀌었다는 답변이 그 뒤를 이었다. 개인이 출생에서 사망까지 옮아가는 것을 생애주기라고 하는데, 생애주기에 따라 진로는 발달된다. 진로심리학자 Levinson은 인생 항로(Life course)라는 용어로 생애 발달단계를 설명하면서 인생의 각 시기는 변화와 안정이 주기적으로 바뀌며, 다음 시기로 전환하기 위한 도전과 과제가 있다고 보았다. 예를 들어 성인초기 전환기나 입문기에는 자신의 능력개발이 주요 기준이었다가 가족부양 시기가 오면 물질적인 보상이나 가족과 함께 보낼 수 있는 시간이 주요 기준으로 바뀔 수도 있다. 이렇듯 생애 과업과 진로발달, 가족의 생성 등에 따라 취업의 기준이 바뀔 수도 있는 부분이다. 따라서, 우리는 취업을 준비하는 데 있어 장기적인 인생설계의 안목이 필요하다. 생애 전반을 염두에 두고 진로설계를 해보자.

① 진로설계에 필요한 것들

어느 누구도 나를 대신 살아줄 순 없다. 나 자신보다 나의 진로 경로를 잘 설계할 수 있는 사람은 없다. 당신의 평생을 책임져야 하는 사람은 바로 나 자신이므로, 스스로 나의 길을 개척해야 한다. 내 삶의 좌표를 스스로 정하기 위해서는 내가 어떤 사람인가, 무엇을 원하는가에 대한 물음과 대답이 매우 중요하다. 남들이 하기 때문에 하는 선택은 실패를 불러오기 쉽다. 따라서, 나의 정체성을 형성하기 위해서는, 현재 나의 모습, 즉 나에 대한 진지한 탐구와 직업 환경(근로환경, 사회, 가정, 성장가능성, 보수)에 대한 탐색에 기반하여 진로 선택이 이루어져야 한다.

쉬어
가기

오두막 초가삼간 정도라면 설계도 없이도 지을 수 있다. 하지만 쉽게 지은 오두 막은 비바람이 불면 금방 위태로워지고 쓰러지기 쉽다. 그리고 나서 다시 오두 막을 짓는 행동을 반복하더라도, 악순환의 연속이다. 그러나 웅장하거나 예술적 인 건축을 위해서는 설계도가 있어야 한다. 그래야 비바람에도 끄떡없고, 잘 무 너지지 않는다. 우리네 인생도 비슷하다. 좀 더 보람 있고 뜻 있고 가치 있는 만 족감을 느끼고 싶다면 청사진을 그릴 필요가 있다. 설계하는 시간을 귀찮아 하 거나 아깝다고 생각 마라. 지금 바로 이 순간이 기초를 가장 튼튼히 하고 성실하 게 설계할 수 있는 황금시기이다.

2 자기가치 自己價值, self-worth

'자기 수용'이 건강한 자기가치의 첫걸음이다.

자신의 가치를 정확히 이해하고 이를 토대로 자신의 가치에 일치하는 직장을 선택할 수 있도록 하는 것은 진로설계에 있어 매우 중요하다. 자신에 대한 가치를 '자기가치'라 하고, 자신의 가치를 되돌아보는 것을 자기가치 확인(self-affirmation)이라고 한다. 자기가치 를 확인하는 구체적인 방법으론, 자신이 가장 중요하게 생각하는 삶의 측면들을 생각해 본 뒤에 왜 그것을 중요하게 생각하는지 되돌아보는 것이다.

대학시절 자기가치 확인을 통해 자기를 이해하고 존중하는 시간을 거치면, 개인의 심 리적 탄력성(resilience)을 강화시키는 데 도움이 된다. 즉, 학교생활이나 사회생활에서 여러 가지 문제들을 겪을 때 진로를 결정하고 목표를 수립하는 데 좌절을 겪더라도 쉽게 일 어설 가능성이 크다. 또한 개인이 누군가에게 비판이나 거절 등 위협을 당했을 때, 불안 하거나 방어적인 반응을 덜 보이게 될 경향이 있으며, 조직의 업무 및 대인관계를 효과 적으로 수행하는 조절능력을 갖추는 데 도움을 주는 것으로 밝혀지고 있다. 따라서 대학 생활동안 자신의 특성이나 소망, 가치관 등을 재조명해보는 기회를 갖고 자신의 장단점 을 스스로 발견하고 자신을 개선, 발전하려는 과정은, 만족감 있는 삶을 위한 진로설계 에 가장 필수적인 활동이다.

WHY?

나는 어떤 것에
가치를 두고 살 것인가?

직업과 행복과
직결되는 질문?

행복한 삶 유리

만족감 향상

시간 절약

혼돈 감소

방향설정

가치 정립

쉬어가기

자아정체감

자아정체감은, '나는 누구인가'에 대한 총체적인 느낌 및 인지를 뜻하는 심리학적 용어이다. 에릭슨(Erikson)에 따르면 인간은 자신의 과거의 노력과 현재의 문제점들, 그리고 미래의 기대 간의 일관성을 추구하는 존재로서, 기본적으로 정체성을 추구하는 동물이다(Erikson, 1968). 자기가 누구인지 자기다움에 대한 자각으로, 워터만(Waterman, 1982)은 자아정체감의 구성요인으로 자기에 대한 명확한 정의, 인생의 목표, 가치, 신념에 대한 결정, 자기수용, 자신의 미래에 대한 확신감 등을 언급하였다. 흔히, 자아정체감은 유아기와 아동기를 통해 자기(self)에 대한 개념을 발달시키는 데서 출발하며, 청소년기에 이르러 다양한 사회적 갈등과 생물학적 성숙 간의 괴리를 해결하려는 노력 끝에 확립된다. 그리고 청소년기 이후의 인생에 있어서도 끊임없이 개인에게 영향을 주는 개념으로, 진로발달 과정에서 가장 중요한 요인(Super, 1990)이기도 하다.

③ 직업을 갖는 데 필요한 마인드

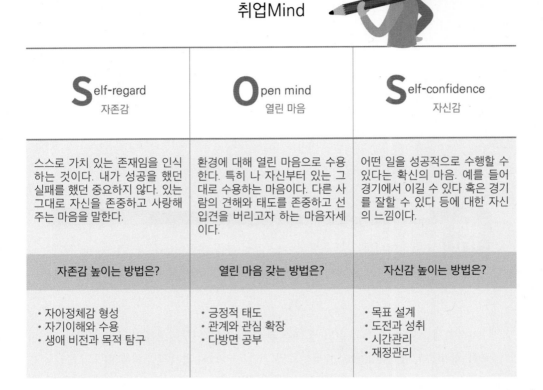

취업Mind

Self-regard 자존감	**O**pen mind 열린 마음	**S**elf-confidence 자신감
스스로 가치 있는 존재임을 인식하는 것이다. 내가 성공을 했던 실패를 했던 중요하지 않다. 있는 그대로 자신을 존중하고 사랑해주는 마음을 말한다.	환경에 대해 열린 마음으로 수용한다. 특히 나 자신부터 있는 그대로 수용하는 마음이다. 다른 사람의 견해와 태도를 존중하고 선입견을 버리고자 하는 마음자세이다.	어떤 일을 성공적으로 수행할 수 있다는 확신의 마음. 예를 들어 경기에서 이길 수 있다 혹은 경기를 잘할 수 있다 등에 대한 자신의 느낌이다.
자존감 높이는 방법은?	**열린 마음 갖는 방법은?**	**자신감 높이는 방법은?**
• 자아정체감 형성 • 자기이해와 수용 • 생애 비전과 목적 탐구	• 긍정적 태도 • 관계와 관심 확장 • 다방면 공부	• 목표 설계 • 도전과 성취 • 시간관리 • 재정관리

인생을 설계하고 취업을 준비하는 데 밑바탕이 되는 마음자세로, SOS가 있다. SOS란? 자존감(Self-regard)과 열린 마음(Open mind) 자신감(Self-confidence)의 앞 스펠링을 딴 약자이다.

Self-regard(자존감)은 자신을 존중하는 마음이다. 자기 자신을 가치 있고 긍정적인 존재로 평가하는 개념으로 내가 나를 어떻게 이해하고 있느냐와 관련 깊다. 미국의 의사이자 철학자 윌리엄 제임스가 1890년대에 처음 사용한 용어로, '자아존중감'의 약자이다. 진로를 설정하고 성공적으로 취업에 도전하는데, 자기 자신에 대한 존중감이 밑

바탕이 되어있지 않으면, 열등감과 의사결정 부족으로 진로 장벽의 원인이 될 수 있다. 건강한 자아존중감을 갖기 위해서는 자기 자신을 객관적으로 탐색하고 수용하는 과정이 필요하다. 반면 자존감이 잘 형성된 사람은 자신을 소중히 여기며, 다른 사람과 긍정적인 관계를 유지하고 인생의 굴곡도 유연하게 대처할 수 있다. 취업실패를 겪더라도 역경을 극복하고 일어설 수 있는 심리적 힘, 회복탄력성을 갖는다. 자신의 능력을 믿고 자신의 노력에 따라 삶에서 성취를 이뤄낼 수 있다는 자기 확신을 가진 사람이 취업에 성공할 확률이 높다. 자존감이 높은 사람은 다른 사람도 자신의 있는 그대로 모습을 좋아하기를 기대한다. 타고나지 않은 것을 남들과 비교하고 탓하지 않는다. 부족한 점에 대해서 인정하고 개선하려고 노력한다.

Open mind(열린 마음)는 취업준비에 있어서 타인과 환경에 대해 열린 자세를 갖는 것이다. 누구나 미래의 일에 대한 불확실성으로 인한 두려움을 가지고 있기 마련이며, 어느 때보다 발빠르게 변화하는 현대 시대에 불안정한 고용시장에 비관적인 자세로만 일관하기보다, 환경을 바꿀 수 있는 차별화된 마음자세가 필요하다. 주변환경을 바꿀 수 없다면 즐겨라. 열린 자세로 새로운 환경을 발 빠르게 받아들이고 나와 반대되는 타인의 의견에도 한 번 더 수용하고 나의 것으로 만드는 능동적인 자세로 취업에 임해보자.

Self-confidence(자신감)은 어떤 일에 대하여 뜻한 대로 이루어 낼 수 있다고 스스로의 능력(能力)을 믿는 굳센 마음을 말한다. 개인들이 지니고 있는 기능을 말하는 것이 아니고 개개인들이 기능을 가지고 무엇을 할 수 있는가에 대한 판단을 뜻한다(Felta, 1988). 즉 원하는 곳에 취업을 잘할 수 있다는 느낌과 같은 것이다. 최근 '취업피로증'이란 말이 생겼다. 취업을 준비하면서 실패가 반복되어 그 속에서 느끼는 무기력함, 자존감 저하, 패배의식을 통칭하는 말이다. 반복된 실패를 맛보면 자신감이 떨어질 수 있다. 하지만 해보기도 전에 자포자기하기보다 도전정신을 가지고 자신감으로 무장한다면 좋은 기회는 반드시 찾아온다. 작은 실천목표부터 세우고 하나씩 도전하고 성공하는 습관을 통해 얻을 수 있다.

워크시트

나의 현재 가치는?

나의 양육비용 계산표

부모님께서 지금까지 나를 키우는 데 들어간 비용은 얼마나 될까??
출생 후 현재까지 발생비용을 계산해 보자.

	주거비	교통비	식 비	의복비	통신비	기 타
1~7세 영유아기						
8~13세 초등학생						
14~19세 중고등학생						
20~현재 대학생/사회생활						

워크시트

나의 진로 로드맵 ('현재의 나', '미래의 나')

나에 대해 충분히 생각하며 아래 빈칸을 채워보자.

1) 현재의 나

항 목	내 용
성격	
흥미	
강점	
가치관	
전공	
경험	
능력	
종교	
습관	

2) 미래의 나

항 목	내 용
미래의 성격	
미래의 직업	
미래의 가족계획	
10년 뒤 목표	
20년 뒤 목표	
30년 뒤 꿈	

진로와 취업전략

진로와
취업전략

Chapter 2 취업

학습 내용   직업의 개념과 직업환경의 변화를 이해한다.
최근 취업시장, 취업동향과 미래사회 유망 직업을 살펴보고
취업시장에 대비한다.

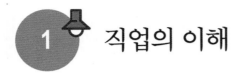 1 직업의 이해

1 직업이란

직업이란? 생계를 유지하기 위하여 자신의 적성과 능력에 따라 일정한 기간 동안 계속하여 종사하는 일을 말한다. 직업을 통해 얻은 소득으로, 물건도 사고 맛있는 음식도 사먹고 주거지 등 원하는 것을 얻는다. 개인 및 가족이 경제적으로 안정된 삶을 유지하는 데 중요한 수단이 될 수 있다. 또한, 단순히 생계수단과 경제적 안정만을 위한 것은 아니다. 한평생을 살아가며 자신의 능력을 발휘하고 자신을 성장, 발전시켜 자아를 실현하는 삶을 가능하게 하고 원만한 사회생활과 봉사의 중요한 기회가 되기도 한다.

직업의 의의: 생계유지, 경제적 안정, 자아실현, 사회활동 참여

2 직업의 조건

- **계속성**: 일정 기간 계속 일할 수 있어야 한다.
- **경제성**: 일정한 수입을 얻을 수 있고, 경제발전에 이바지해야 한다.
- **사회성**: 공공의 복지에 이바지해야 한다.

3 직업으로 인정하지 않는 것

① 이자, 주식배당, 임대료^(전세금, 월세금) 등과 같은 자산수입이 있는 경우
② 연금법, 국민기초생활보장법, 국민연금법 및 고용보험법 등의 사회보장이나 민간 보험에 의한 수입이 있는 경우
③ 경마, 경륜, 복권 등에 의한 배당금이나 주식투자에 의한 시세 차익이 있는 경우
④ 예·적금 인출, 보험금 수취, 차용 또는 토지나 금융자산을 매각하여 수입이 있는 경우
⑤ 자기 집의 가사활동에 전념하는 경우
⑥ 교육기관에 재학하며 학습에 전념하는 경우
⑦ 시민봉사활동 등에 의한 무급 봉사적인 일에 종사하는 경우
⑧ 의무로 복무중인 사병, 단기 부사관, 장교와 같은 군인
⑨ 사회복지시설 수용자의 시설 내 경제활동
⑩ 수형자의 활동과 같이 법률에 의한 강제노동을 하는 경우
⑪ 도박, 강도, 절도, 사기, 매춘, 밀수와 같은 불법적인 활동

4 직업의 종류

　2014년 말 기준으로 [한국직업사전]에 총 11,440개의 직업이 수록되어 있다. 한국표준직업분류에 의하면 현재 우리나라의 직업 종류는 약 12,000개라고 한다. 사회환경이 빠르게 변화하는 시대에 살면서 직업의 종류도 많아지고 직업도 변화한다. 그러므로 자신의 직업을 선택할 때에는 미래사회의 환경의 변화를 이해하는 것도 중요하다.

　최근에는 전문적인 지식과 정보를 최첨단 기술과 연결시킨 산업이 빠르게 성장하고 있고, 평생직장의 개념보다는 평생직업으로 변화하여, 끊임없는 자기계발을 필요로 하고 있다.

쉬어 가기

가치관

가치관이란? 옳은 것, 바람직한 것, 해야 할 것 또는 하지 말아야 할 것 등에 대한 자신의 생각이다. 가치관은 관점이나 사고방식을 결정해주는 핵심 요인이다. 가치관은 어떤 일을 좋아하게 해주기도 하며, 나아가 직업을 선택하는 기준이 되기도 한다.

> 내 인생에서 중요하게 여기는 것이 무엇인가?
> 나는 어떤 것에 가치를 두고 살아갈 것인가?
> 당신이 가장 중요하게 생각하는 삶의 측면들은 어떤 것인가?

가치관은 태어난 기질과 자라난 환경에 의해 형성되고 가치는 사회적 경험에 의해 변화하기도 한다. 가치관이 정립되면, 삶의 방향을 설정하는 데 긍정적인 영향을 끼친다. 진로설계 시 혼돈이 감소되어 시간이 절약되며 자신의 특성과 가치관에 따른 선택결정이라 만족감이 향상되기 때문에 행복한 삶을 사는 데 더 유리할 수 있다.

2 직업 환경의 변화

1 최근 직업 환경

- 평생직장의 개념이 사라지고 평생직업이 남는다.
- 취미가 직업이 되기도 한다.
- 건강과 삶의 질을 높이는 직업이 증가한다.
- 전문직이 늘어나고 사이버공간을 활용한 기업이 늘어난다.

    시대가 빠르게 변화하면서 산업 형태가 바뀌면서 그에 따른 직업세계도 변화를 겪고 있다. 예전에 존재했던 직업이 없어지기도 하고, 과거에는 없었던 신생직업이 새로 생기기도 한다. 버스 안내양, 연탄장수, 굴뚝 청소부…. 예전에는 존재했지만 요즘에는 찾기 힘든 직업이 되었다. 반면, 로봇공연기획자, 소셜미디어전문가처럼 새로 생겨나는 직업도 있다. 한편, 요즘 '창직'이라 하여 새로운 직종을 만드는 활동도 활성화되고 있다. 창직이란, 창조적인 아이디어를 통해 자기주도적으로 기존에는 없는 직업이나 직종을 새롭게 만들어 내거나 기존의 직업을 재설계하는 창업 활동을 말한다. 아이디어를 가지고 자신의 능력이나 적성 등을 활용하기 때문에 창업과는 다른 개념이다. 이렇듯 우리는 직업세계에 진출하기 전에, 직업세계 변화에 관심을 갖고 변화의 추세를 이해할 필요가 있다. 현재 내가 관심을 가지고 있는 직업이 앞으로 어떻게 변할지 미래에는 과연 어떤 새로운 직업이 생길지, 어떤 직업이 인기가 있을지 미래의 직업에 대해 아는 것도 중요하다. 최근 직업 환경의 변화를 살펴보며 내가 친숙하게 알고 있는 직업뿐 아니라, 낯선 직업들과 미래의 직업들에 대해 알아가다 보면 내가 잘 할 수 있는 새로운 직업을 발견할 수도 있을 것이다.

2 한국 취업시장의 변화

쉬어가기

1970	[노동집약산업화] 성실, 적극, 진취성
1980	[분배욕구 산업발달] 적극, 진취, 성실
	주도, 적응, 큰 것이 아름답다 가치관
1990	[국제화 개방화] 능력중심, 진취, 도전의식
2000	[디지털혁명 지식정보사회]
	인재가 곧 기업의 재산, 창의성, 전문성
	도덕성, 팀워크, 글로벌 역량
	개인과 조직 역량 강조
	별난 것, 빠른 것이 아름답다.

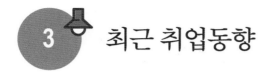

3 최근 취업동향

한국고용정보원의 조사에 따르면, 최근 일자리가 빠르게 증가하고 있는 뜨는 직업과 점점 사라지고 있는 지는 직업을 조사한 결과 여행, 컴퓨터, 의료 서비스, 사회복지 서비스업이 상위권인 반면에, 어업, 가구, 목재 직업이 하위권을 차지했다. 이와 같은 분포가 나타난 이유로는 근현대사를 거치면서 빠르게 산업이 발전과 성장을 거듭하며 숨가쁘게 달려온 현대인들이 피로사회를 겪으며, 이제는 삶의 질을 추구하고 복지와 여가에 대한 관심이 급증하였기 때문으로 분석된다. 또한 과학기술의 발달과 인구의 감소로 노인 인구는 많아지면서 고령화 시대가 찾아오고, 사회복지산업도 세분화되면서 급증한 것으로 보인다. 반면, 기계의 발전과 수출입의 증가, 개방화로 어업이나 가구, 목재 직업은 감소하고 있는 추세이다. 하지만 2020년 코로나19 팬데믹으로 인해 이러한 전망은 잠시 균열과 재조정이 생기기도 했다.

여행과 관련된 여행사 항공사 면세점 매출이 크게 감소하고 문을 닫는가 하면, 그에 반해 온라인 콘텐츠 개발, 인터넷 쇼핑, 홈쇼핑, 택배서비스와 같은 산업의 매출이 더욱 증가하였고, 기업에서의 업무는 접촉 없이 진행하는 언택트 문화가 자리잡기도 했다.

또한 AI,데이터, 프로그래밍 등 IT기술이 더욱 필수인 디지털 산업과 첨단 정보통신기술이 경제·사회 전반에 융합되어 혁신적인 변화가 나타나고 4차산업에 속하는 플랫폼 개발이 더 신속화 되었다.

특히 4차산업 유망직업으로 사물과 사물이 대화하는 사물인터넷, 인간처럼 판단하고 예측하는 인공지능, 대용량의 데이터를 무한활용하는 빅데이터, 인간의 생명현상을 연구하는 생명과학 이외에 가상 증강현실, 자율주행, 스마트팜, 환경공학, 스마트헬스케어, 드론 등이 급속도로 유망직업으로 떠올랐다.

따라서 대학생 때 진로를 설정하고 취업준비를 할 때, 자신에 대한 이해뿐 아니라 최근 시장의 빠른 동향변화, 유망산업에 대한 이해를 바탕으로 미래사회의 변화들을 예측해 가며 나의 10년, 20년 뒤를 예상하고 준비하는 노력이 필요하겠다.

1 뜨는 직업, 지는 직업

(단위: %)

상위직업

❶ 여행서비스 관련 종사자 5.6
❷ 컴퓨터시스템 설계전문가 5.3
❸ 의료 및 보건 서비스 관련 종사자 5
❹ 법률전문가 4.9
❺ 사회복지 및 상담전문가 4.9
❻ 영화, 연극 및 방송 관련 기술 종사자 4.8
❼ 회계, 세무 및 감정평가 관련 전문가 4.7
❽ 법률 관련 사무원 4.7
❾ 통신 및 방송장비 기사 및 설치수리원 4.4
❿ 금융 및 보험 관련 전문가 4.2

❶ 판매원 및 상품 대여원 -1.5
❷ 비금속제조 관련 장치 및 기계조작원 -1.8
❸ 섬유제조기계 조작원 -1.9
❹ 낙농 및 사육 관련 종사자 -2.2
❺ 작물 재배 종사자 -2.3
❻ 섬유가공 관련 종사자 -3.6
❼ 목재, 펄프, 종이가공 및 제조 관련 종사자 -4
❽ 가구, 목제품 조립 및 제조 관련 종사자 -5.4
❾ 재단, 재봉 및 관련 기능 종사자 -5.5
❿ 어업 관련 종사자 -6.6

하위직업

출처 한국고용정보원

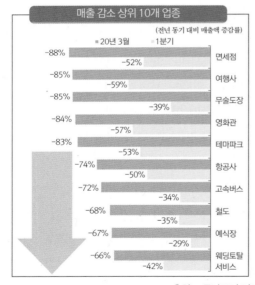

매출 감소 상위 10개 업종

(전년 동기 대비 매출액 증감률)
■ 20년 3월　　1분기

	20년 3월	1분기
면세점	-88%	-52%
여행사	-85%	-59%
무술도장	-85%	-39%
영화관	-84%	-57%
테마파크	-83%	-53%
항공사	-74%	-50%
고속버스	-72%	-34%
철도	-68%	-35%
예식장	-67%	-29%
웨딩토탈서비스	-66%	-42%

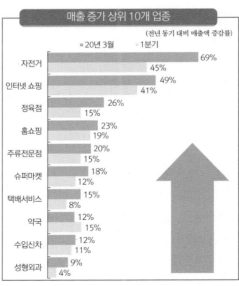

매출 증가 상위 10개 업종

(전년 동기 대비 매출액 증감률)
■ 20년 3월　　1분기

	20년 3월	1분기
자전거	69%	45%
인터넷 쇼핑	49%	41%
정육점	26%	15%
홈쇼핑	23%	19%
주류전문점	20%	15%
슈퍼마켓	18%	12%
택배서비스	15%	8%
약국	12%	15%
수입신차	12%	11%
성형외과	9%	4%

출처 코로나19가 가져온 소비형태의 변화, 2020년 5월 하나금융경영연구소 자료

🌳 4차 산업혁명에 따른 직종별 일자리 증감 전망

2016-30년 연평균 증감률 (단위%)

직종	증감률
과학 전문가 및 관련직	2.9
정보통신 전문가 및 기술직	2.7
보건·사회복지 및 종교 관련직	2.6
상·하수도 및 재활용처리 관련 기계조작직	2.4
가사·음식 및 판매 관련 단순노무직	-0.6
섬유 및 신발 관련 기계조작직	-0.9
섬유·의복 및 가죽 관련 기능직	-1.4
농·축산 숙련직	-1.7

출처 고용노동부

2 직업 대분류별 취업자 전망

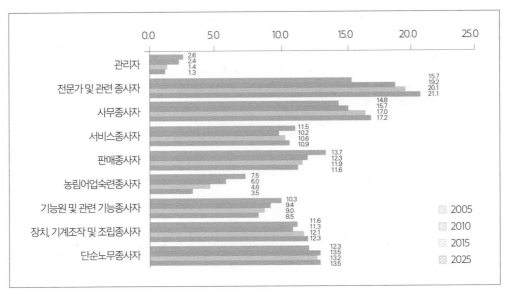

출처 통계청, 경제활동연구조사, 「중장기 인력수급 수정전망 2015~2025」, 한국고용정보원, 2016

「중장기 인력수급 수정전망 2015-2025」^(한국고용정보원, 2016)에 따르면, 향후 10년간^(2016~2025년), '전문가 및 관련 종사자'^(연평균 1.3%), '서비스종사자'^(연평균 1.1%), '단순노무종사자'^(연평균 1.0%), '사무종사자'^(연평균 0.9%), '장치·기계조작 및 조립종사자'^(연평균 0.9%) 직군에서 취업자 증가 속도가 빠를 것으로 전망된다. 특히, 취업자 규모가 가장 큰 '전문가 및 관련 종사자'^(취업자 비중 2015년 20.1% → 2025년 21.1%) 직군은 취업자 증가율^(연평균 1.3%)뿐만 아니라 취업자수 증가량^(703천 명)도 가장 클 것으로 전망된다. 전문가 직군 중 보건업 및 사회복지서비스업과 전문·과학 및 기술서비스업을 중심으로 일자리 증가가 지속될 것으로 예상된다.

두 번째로 취업자 비중이 높은 '사무종사자' 직군은 2010~2015년 동안 가장 높은 취업자 증가율^(연평균 3.3%)을 보였는데, 2015~2025년^(연평균 0.9%)에는 이러한 추세가 한풀 꺾일 것으로 보인다. 생산직은 '장치·기계조작 및 조립종사자'와 '기능원 및 관련 기능종사자' 직군의 향후 10년간 연평균 취업자 증가율은 각각 0.9%, 0.2%가 될 것으로 전망된다. 생산설비의 자동화와 기계화로 생산직 중에서도 '장치·기계조작 및 조립종사자' 직군을 중심으로 취업자가 증가하는 것으로 보인다. 2010~2015년 동안 가장 높은 취업자 감소율^(연평균 -8.9%)을 보인 '관리자' 직군은 향후 10년 동안에 현 상태를 유지하는 정도가 될 것으로 전망된다. '서비스종사자' 직군은 2010~2015년에 2.4%의 높은 취업자 증가율을 기록하였고 향후에도 연평균 1.1%의 비교적 높은 일자리 성장률을 기록할 것으로 예상된다. '판매종사자' 직군의 취업자 수는 2010~2015년 동안 매년 1.1%씩 증가하였고, 향후 10년간에는 매년 0.5%씩 증가율이 둔화될 것으로 보인다.

한편, '농림어업 숙련종사자' 직군은 2010~2015년 동안 매년 -2.8%씩 일자리가 빠르게 감소하였는데 향후 10년 동안에도 이러한 추세는 지속될 것이다. '농림어업숙련종사자'는 지난 수십 년 간 전체 취업자에서 차지하는 비중이 급격하게 감소하여 왔다.

직업 대분류별로 취업자 비중 변화를 보면, '전문가 및 관련 종사자', '사무종사자', '장치·기계조작 및 조립종사자' 직군은 지난 2010~2015년 사이 증가하여 왔지만, 향후 10년 동안^(2015~2025년)에도 증가할 것으로 예상된다. 반면에 '관리자', '판매종사자', '농림어업숙련종사자', '기능원 및 관련 기능종사자' 등의 직군은 지난 2010~2015년뿐만 아니라 향후 10년 동안^(2015~2025년)에도 감소할 것으로 예상된다. 이와 같이 직군별로 취업자 비중이 변화하는 것은 우리나라의 산업구조가 1차 산업에서 2, 3차 산업으로 고도화하고, 근로자의 직무가 기술발전 등에 따라 첨단화한 것을 반영한 결과이다.

 직업별 고용전망

전망	직업명				
증가	간병인	간호사	간호조무사	네트워크시스템개발자	물리 및 작업치료사
	방사선사	변리사	변호사	사회과학연구원	사회복지사
	산업안전 및 위험관리원	상담전문가 및 청소년지도사	수의사	에너지공학기술자	영양사
	웹 및 멀티미디어 기획자	응급구조사	응용소프트웨어개발자	의사	임상심리사
	직업상담사 및 취업알선원	치과위생사	치과의사	컴퓨터보안전문가	한식목공
	한의사				

	감독 및 연출자	경영 및 진단전문가 (경영컨설턴트)	경찰관	경호원	계산원 및 매표원
	관세사	관제사	광고 및 홍보전문가	기계공학기술자	기자
	노무사	대중가수 및 성악가	데이터베이스 개발자	만화가 및 애니메이터	메이크업아티스트 및 분장사
	무역사무원	미용사	배우 및 모델	법률사무원	보육교사
	보험 및 금융상품 개발자	상품기획전문가	생명과학연구원	세무사	소년보호관 및 교도관
다소 증가	소방관	손해사정사	스포츠 및 레크리에이션 강사	시민단체활동가	시스템소프트웨어 개발자
	식품공학기술자 및 연구원	안경사	약사 및 한약사	여행서비스종사자	연예인 및 스포츠매니저
	웹 및 멀티미디어 디자이너	의무기록사	임상병리사	작가	전기 및 전자설비조작원
	전기공학기술자	정보시스템운영자	제품디자이너	지리정보전문가	치과기공사
	컴퓨터시스템설계 및 분석가	택배원	판사 및 검사	피부미용사 및 체험관리사	항공기 객실 승무원
	항공기조종사	행사기획자	홍보도우미 및 판촉원	화학공학기술자	환경공학기술자
	환경 관련 장치조작원	회계 및 경리사무원	회계사		
	간판제작 및 설치원	감정평가전문가	건설기계운전원	건축가(건축사) 및 건축공학기술자	건축목공
	결혼상담원 및 웨딩플래너	경기 감독 및 코치	경비원	경영지원사무원	공예원
	국악인 및 전통예능인	금속가공장치조작원	금융 및 보험 관련 사무원	금형원 및 공작기계조작원	기계장비설치 및 정비원
	기업고위임원(CEO)	냉난방 관련 설비조작원	농림어업기술자	단순노무종사원	단열공(보온공)
유지	도배공 및 유리부착원	도시 및 교통설계전문가	도장원 및 도금원	물품이동장비조작원(크레인 및 지게차운전원)	미술가
	미장공, 방수공 및 타일공	방송 및 통신장치설치 수리원	배관공	버스운전원	번역가
	법무사	보험 관련 영업원	부동산중개인(부동산중개사)	비금속광물기공장치조작원	비서
	비파괴검사원	사서 및 기록물관리사	상품중개인 및 경매사	상품판매원	생산 관련 사무원

출처 워크넷

❸ 추천 직업

청소년

- 상품·공간스토리텔러 ⊞
- 정신건강상담전문가
- 약물중독예방전문요원
- 정밀농업기술자
- 3D프린팅운영전문가 ⊞
- 자살예방전문요원
- 감성인식기술전문가 ▶
- 미디어콘텐츠창작자
- 홀로그램전문가
- 인공지능전문가
- 행위중독예방전문요원
- 빅데이터전문가
- 소셜미디어전문가

인문사회계열

- 기술문서작성가 ⊞
- 상품·공간스토리텔러 ⊞
- 신사업아이디어컨설턴트 ▶
- 지속가능경영전문가
- 크루즈승무원 ⊞
- 직무능력평가사
- 사이버평판관리자
- 소셜미디어전문가
- 의료관광경영컨설턴트
- 대체투자전문가 ⊞
- 기업컨시어지
- 협동조합코디네이터
- 개인간(P2P)대출전문가
- 진로체험코디네이터
- 빅데이터전문가

이공계열

- 기술문서작성가 ⊞
- 의약품인허가전문가 ⊞
- 과학커뮤니케이터
- 도시재생전문가
- 녹색건축전문가 ▶
- 연구실안전전문가
- 해양설비(플랜트)기본설계사
- 방재전문가 ⊞
- BIM(빌딩정보모델링)디자이너
- 정밀농업기술자
- 연구기획평가사
- 연구장비전문가
- 3D프린팅운영전문가 ⊞
- 기업재난관리자 ⊞
- 홀로그램전문가
- 감성인식기술전문가 ▶
- 화학물질안전관리사
- 레저선박시설(마리나)전문가 ⊞
- 사이버평판관리자
- 빅데이터전문가
- 인공지능전문가
- 온실가스관리컨설턴트

3050 여성

- 의료관광경영컨설턴트
- 주변환경정리전문가
- 병원아동생활전문가
- 산림치유지도사 ▶
- 정신대화사
- 이혼상담사 ▶
- 가정에코컨설턴트
- 생활코치 ▶
- 매매주택연출가
- 과학커뮤니케이터
- 애완동물행동상담원 ▶
- 영유아안전장치설치원 ▶
- 임신출산육아전문가 ▶

중장년

- 3D프린팅운영전문가 ⊞
- 주변환경정리전문가
- 문화여가사
- 산림치유지도사 ▶
- 주택임대관리사
- 이혼상담사 ▶
- 주거복지사
- 기업재난관리자 ⊞
- 노년플래너 ▶
- 민간조사원
- 신사업아이디어컨설턴트 ▶
- 도시재생전문가
- 전직지원전문가

창업직종

- 3D프린팅운영전문가 ⊞
- 신사업아이디어컨설턴트 ▶
- 매매주택연출가
- 정신대화사
- 애완동물행동상담원 ▶
- 영유아안전장치설치원 ▶
- 생활코치 ▶
- 주변환경정리전문가
- 기업프로파일러
- 그린장례지도사
- 이혼상담사 ▶
- 노년플래너 ▶

출처 워크넷

4 취신 취업시장 트렌드

1 하이브리드 채용

코로나19의 장기화로 채용시장에도 변화가 찾아왔다. 사회적 거리두기로 도입된 비대면(언택트)채용은 적응기간을 거쳐 위드코로나(With Corona) 시대를 맞으면서 채용문화로 자리잡았다. 하이브리드 채용은, 대면채용과 비대면 채용의 결합을 뜻하는 것으로 대면과 비대면 과정을 모두 이용하는 채용을 말한다. 예를 들어 1차면접을 대면으로 진행하였다면, 2차면접은 온라인 비대면 면접으로 진행하는 방식이다. 포스트 코로나시대에도 디지털 채용전형의 확대와 대면과 비대면 채용방식을 결합한 하이브리드 채용은 더 확대될 것으로 전망하고 있다.

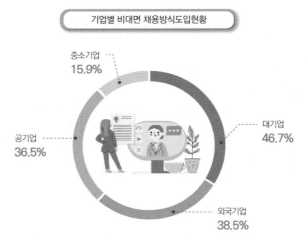

기업별 비대면 채용방식도입현황

중소기업
15.9%

공기업
36.5%

대기업
46.7%

외국기업
38.5%

* 현재 비대면 채용제도를 도입하고 있다.

출처 잡코리아

② 비대면 채용 / AI면접

2020년 코로나19 바이러스로 인해 취업시장에서 채용박람회와 채용설명회가 비대면 온라인으로 전환되었으며, 서류심사뿐 아니라 인적성 면접에도 도입되었다. 보통 자기소개/기본질문/인성검사/상황면접/전략게임/심층면접의 순으로 진행되며 AI는 면접

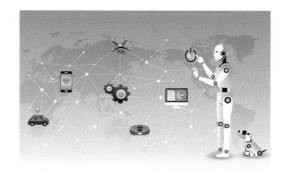

과정 속 지원자의 무의식적 행동 및 수행결과를 분석하여 지원자의 성향과 특성, 직무적합성 등을 판단한다. 2019년부터 도입되어 코로나19 이후 활용과 활용을 검토하는 기업들이 늘어나는 추세이다. 2020년에는 4월 말 기준 100여 개의 기업이 추가로 도입해 320개의 기업이 AI역량검사를 도입하였고 앞으로도 지속적으로 늘어날 것으로 전망된다. 현재 진행하고 있는 기업으로는 기아자동차, 농심, 롯데그룹, LS그룹, LH공사, LG유플러스, SK C&C, SK하이닉스, KT그룹, KB국민은행, 한국수력원자력, 한미약품, 현대엔지니어링, 호반건설 등이 있다. 자신이 취업하고자 하는 해당기업이 이러한 비대면 채용/AI면접을 도입했는지 확인, 검토하고 모의프로그램을 활용해가며 준비하는 것이 좋겠다.

③ 화상면접 확대

화상면접은 노트북이나 태블릿 PC, 스마트폰 등의 장비를 통해 영상으로 지원자가 원하는 장소에서 일대일 또는 다수의 면접관과 질의응답 방식의 면접을 말한다. 면접관은 영상을 통해 지원자의 모습을 관찰하며 지원자의 역량을 실시간으로 평가하는 방법으로 최근 CJ, LG, SK 등 주요 대기업들과 공기업으로까지 확대되고 있다. 대면면접과 질문의 내용과 형식이 비슷한 경우들이 많아 본질적으로 대면면접의 질문리스트를 가지고 면접연습을 한다.

보통 화상면접 시간은 사전에 정해지며, 기업에서 면접 전날 공지사항을 전달하고 있다. 화상면접에 활용되는 프로그램은 스카이프(Skype), 줌(Zoom), 행아웃(Hangout) 등 다양하므로 먼저 해당 기업 화상면접에서 사용하는 프로그램이 무엇인지 확인하도록 한다.

4 인적성 검사와 면접 강화

인적성검사와 면접이 인재를 선별하는 데 있어서 변별력을 강화하고 있다.

대기업을 비롯해 많은 기업이 인적성 검사를 진행하는데, 온라인으로 시도하는 기업들이 늘어나고 있는 추세이다. 서류를 합격해도 오프라인 또는 온라인 인적성 검사에서 불합격되는 사례들도 많기 때문에 입사지원서를 작성하기 전부터 최소한의 여유있는 시간을 두고 준비하는 것이 바람직하겠다.

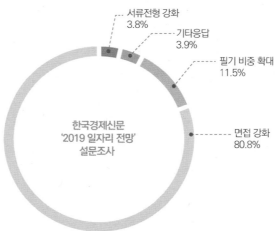

채용절차 보완을 위해 어떤 계획을 갖고 있습니까?

서류전형 강화
3.8%

기타응답
3.9%

필기 비중 확대
11.5%

한국경제신문
'2019 일자리 전망'
설문조사

면접 강화
80.8%

* 국내 주요 그룹 계열사 10곳, 공공기관 10곳, 금융기관 6곳 총 26곳 대상

5 긱 워커(Gig Worker)

긱 워커란 일자리의 새로운 대안으로, 초단기 근로자를 말한다.

회사에 소속되지 않고 자신의 능력을 활용해 수익을 올리는 긱 워커 (Gig Worker)가 증가하고 있는 추세이다. 평생직장의 개념이 사라지면서 일자리의 새로운 대안이 되고 있다. 특히 코로나19로 재택근무와 비대면 업무가 확산되면서 더욱 증가하는 추세를 보였으며, 4차 산업혁명과 디지털 경제의 발전으로 인해 앞으로도 계속 증가할 것으로 예상하고 있다.

6 수시채용의 확대

소규모 상시, 수시 채용이 확대되고 있다. 기업들이 공채를 축소하고 대규모 공개채용보다 수시채용으로 인재를 선발하는 기업들이 많아지고 있다. 당장 결원이 생기거나 추가인력이 필요할 때 소수의 인원을 채용하는 형태이다. 채용 기한을 따로 두지 않고 기업의 인력풀에 등록되면

기업에 공석이 생길 때 적합한 인재를 선발하여 면접의 기회를 제공하기도 한다.

따라서 지원할 직무에 맞게 입사지원서 및 포트폴리오를 준비하거나 희망직무에 종사하는 지인들을 통해 채용관련 정보를 발빠르게 수집하는 것이 필요하다.

2020년 대기업을 기준으로 보면, 카카오는 상시채용 지원자 면접을 모두 화상면접으로 진행했고 네이버 자회사인 라인은 신입 개발자 공채과정을 모두 온라인으로 대체했다. LG전자는 경력직 지원자 실무면접도 화상면접을 통해 진행했고, SK텔레콤도 신입사원 정기채용에서 '그룹영상통화'를 자체 개발하여 진행하기도 하였다.

7 멀티커리어즘(Multi-careerism)

멀티커리어즘이란 하나의 직업에 얽매이지 않고 다양한 사회활동으로 자아를 실현하고자 하는 현상이다. 코로나19의 유행과 함께 직업 개념의 변화가 가속화 되었다. 일자리는 줄어들고 플랫폼에 기반해 필요할 때 필요한 만큼만 노동력을 수급하는 체제가 확대되고 있다. 밀레니얼 세대가 일을 바라보는 태도 또한 회사를 위해 일하는 것이 아니라 자아실현을 위한 수단으로 일을 바라보는 형태로 바뀌고 있다.

 코로나 19로 달라진 채용 트렌드 TOP5

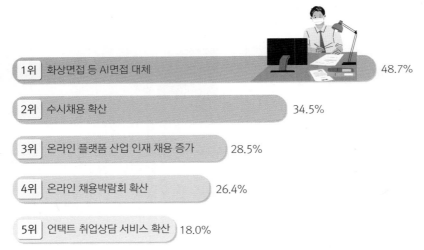

복수응답 집계결과

순위	항목	비율
1위	화상면접 등 AI면접 대체	48.7%
2위	수시채용 확산	34.5%
3위	온라인 플랫폼 산업 인재 채용 증가	28.5%
4위	온라인 채용박람회 확산	26.4%
5위	언택트 취업상담 서비스 확산	18.0%

출처 디지틀조선일보 20.06.25

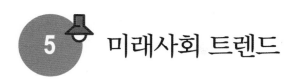

5 미래사회 트렌드

1 과학기술

1) 4차산업혁명

산업혁명이란 기술적 혁신의 영향을 받아 정치·경제·사회·문화 등 모든 영역이 크게 바뀐 현상을 의미한다. 1차 산업혁명의 기계화, 2차 산업혁명의 대량생산화, 3차 산업혁명의 정보화에 이은 4차 산업혁명은, 최근 우리가 살고 일하는 방식을 변화시키고 있다.

4차산업혁명이란(The Fourth Industrial Revolution)? 인공지능, 사물 인터넷, 빅데이터, 모바일 등 첨단 정보통신기술이 경제·사회 전반에 융합되어 혁신적인 변화가 나타나는 차세대 산업혁명을 말한다.

미래창조과학부 블로그

즉, 물리세계, 디지털세계, 그리고 생물세계가 융합되어, 경제와 사회의 모든 영역에 영향을 미치게 하는 새로운 산업시대를 말한다.(IT용어사전, 한국정보통신기술협회) 특히 인공지능(AI), 사물인터넷(IoT), 클라우드 컴퓨팅, 빅데이터, 모바일 등 지능정보기술이 기존 산업과 서비스에 융합되거나 3D 프린팅, 로봇공학, 생명공학 등 여러 분야의 신기술과 결합되어 실세계 모든 제품·서비스를 네트워크로 연결하고 사물을 지능화하는 등 21세기 가장 큰 과학기술발전의 중심이 될 것으로 보고 있다.

2) 4차산업의 대표적인 기술

Big Data ↖

빅데이터란? 디지털 환경에서 생성되는 데이터로 그 규모가 방대하고, 생성 주기도 짧고, 형태도 수치 데이터뿐 아니라 문자와 영상 데이터를 포함하는 대규모 데이터를 말한다. IT기술의 발전으로 데이터를 효율적으로 관리할 수 있는 기술이 중요하게 되었다. 그 예로 사용자가 직접 제작하는 유튜브를 들 수 있다. 시청기록에 대한 데이터를 토대로 사용자의 성향을 확인하고 선호하는 동영상이 표시되어 자동화시스템을 구축하는 과정에서 사용하는 경우가 많은 기술이다.

IoT(Internet of Things) ↖

사물인터넷(Internet of Things)이란? 단어의 뜻 그대로 '사물들(Things)'이 '서로 연결된(Internet)' 것 혹은 '사물들로 구성된 인터넷'을 말한다. 세상에 존재하는 유형 혹은 무형의 객체들이 다양한 방식으로 서로 연결되어 개별 객체들이 제공하지 못했던 새로운 서비스를 제공하는 것을 뜻한다. 기존의 인터넷이 컴퓨터나 무선 인터넷이 가능했던 휴대전화들이 서로 연결되어 구성되었던 것과는 달리, 사물인터넷은 책상, 자동차, 가방, 나무, 애완견 등 세상에 존재하는 모든 사물이 연결되어 구성된 인터넷이라 할 수 있다.(국립중앙과학관 - 사물인터넷)

클라우드 컴퓨팅(Cloud Computing)

클라우드 컴퓨팅이란 정보처리를 자신의 컴퓨터가 아닌 인터넷으로 연결된 다른 컴퓨터로 처리하는 기술을 말한다. 빅데이터를 처리하기 위해서는 다수의 서버를 통한 분산

처리가 필수적이다. 분산처리는 클라우드의 핵심 기술이므로 빅데이터와 클라우드는 밀접한 관계를 맺고 있다.(빅데이터, 2013. 2. 25. 정용찬)

코딩 coding

코딩이란 C언어, 자바, 파이선 등 컴퓨터용 언어로 프로그램을 만드는 것을 말한다.

프로그래밍과 같은 뜻으로 널리 사용된다. 하지만 좀 더 구체적으로 살펴보면, 코딩은 명령을 컴퓨터가 이해할 수 있는 C언어, 자바(JAVA), 파이선(python) 등의 프로그래밍 언어로 입력하는 과정을 뜻하고 프로그래밍은 프로그래밍 언어를 사용해 프로그램을 만드는 일을 뜻한다.

인공지능, 사물인터넷, 지능형 로봇, 빅데이터 분석 및 활용 등 4차 산업혁명시대를 대변하는 모든 것이 ICT(정보통신기술)을 바탕으로 한 소프트웨어를 통해 구현되기 때문에 디지털로 이뤄지는 시대에 필요한 기술로 손꼽는다.

---

3) 4차산업혁명 시대의 신 직업들

인공지능이 발전하며 기계가 사람을 대신해 작업을 하면서 기계공학 기술이 활용되고 있고 필요성과 수요도 높아지고 있다. 로봇공학자, 항공우주공학자, 신소재공학을 활용하는 3D프린팅전문가, 나노공학 기술자 등 ICT 분야의 직업, 복지와 삶의 질을 높일 수 있는 직업, 로봇 그리고 생명과학 관련 직업 등이 주목을 받고 있다. 또한 4차산업혁명의 발전으로 취업시장도 계속 변화함에 따라서 다양한 직업이 새로 생겨나고 있다.

데이터 사이언티스트 ▸

빅데이터 활용이 늘어나면서 양보다 질에 초점을 맞춰 데이터의 정제 분석기술을 다루는 데이터 사이언티스트는 데이터 기획자이자 전략가를 말한다.

가상현실 전문가 ▸

게임, 비행, 관광, 훈련 및 교육 등 가상현실에 대한 사용자의 요구, 사용목적 등을 파악하고, 이에 따라 가상현실콘텐츠와 시스템을 기획하고 개발하는 전문가를 말한다.

인공지능 전문가 ▸

인간의 뇌구조에 대한 전문지식을 바탕으로 컴퓨터나 로봇 등이 인간처럼 사고하고 의사결정하도록 인공지능알고리즘(딥러닝)을 개발하거나 프로그램을 구현하는 전문가를 말한다.

핀테크 전문가 ▸

클라우드 펀딩, P2P, 대출, 금융결제, 자산관리 등 금융의 수요자와 공급자를 연결해 금융 거래가 이루어질 수 있도록 지원하는 IT 플랫폼을 구축하는 전문가를 말한다.

3D프린팅 모델러 ▸

3D프린팅을 통해 3D형상을 제작하기 위해 형상을 3D모델링으로 구현해 프로그램화 하는 전문가를 말한다.

2 세계화

교통수단 발전은 세계를 하나의 생활권 경제권으로 통합시키고, 국가와 국가 간의 규제가 완화되어 전세계라는 단일시장을 중심으로 광범위한 경제활동이 가능하게 만들었다. 앞으로도 국내뿐 아니라 동남아시아, 유럽 등 전세계로 진출하여 직업을 찾는 일이 많아질 것이다. 예를 들어, 1970년 한국의 유한양행과 미국의 킴벌리클라크가 3대 7의 투자비율로 합작해 유한킴벌리를 세웠다. 유한양행은 유일한 박사가 세운 제약회사이며 킴벌리클라크는 미국 텍사스에 본사를 둔 제지회사다. 킴벌리클라크의 해외 자회사 가운데 현지 이름을 쓰는 회사는 유한킴벌리가 유일하다. 유엔난민기구, 유네스코, 그린피스 같은 국제기구나 비정부기구로의 진출도 증가 추세다. 자신의 일을 찾아 세계 각지를 여행하는 등 개인의 구직활동의 범위가 세계로 넓혀지고 있으며, 국가 간이나 기업 간 이해관계 문제를 해결해주는 국제 관련 전문가 수요도 증가하고 있다.

🌳 해외취업인원 추이

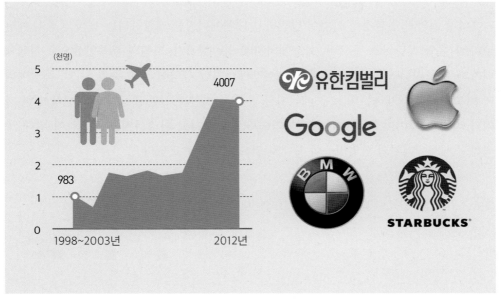

출처 워크넷

🌳 국내 치킨프랜차이즈 글로벌 진출 지역

출처 워크넷

3 녹색성장

에너지 절약과 친환경적 산업이 발전하고 대체에너지를 개발하려는 녹색 성장이 예상된다. 석유와 석탄가스 등 주로 화석에너지에 의존했지만, 자원의 부족현상으로 신생에너지가 더욱 연구되고 발달될 것이다. 신생에너지란 태양에너지, 풍력, 지열, 해양에너지 화석연료를 대체하는 새로운 에너지를 말한다. 저탄소 친환경 등 환경보전에 대한 가치가 지속될 것이며, 친환경 ICT과학기술과 순환경제로 환경문제를 극복하기 위해 노력하고 재생에너지의 산업비중이 확대될 것으로 내다보고 있다.

 조기사망에 영향을 미치는 환경요인(2010년부터 2050년까지의 전망)

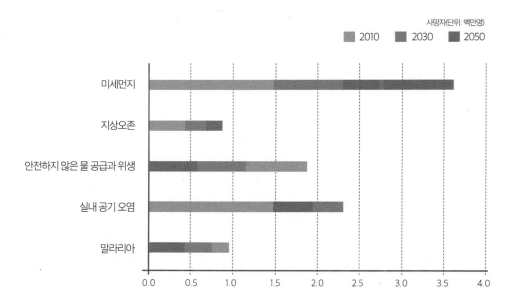

출처 OECD 환경전망

워크시트

미래 취업시장

우리가 취업시장에서 두각을 나타내며 역량을 발휘할 즈음, 어떤 직업이 유망할 것인가.
어떤 직업이 새로 생겨날 것인가. 조별 토의를 통해 다양한 직업을 유추해보자.

신생직업 or 유망직업	그 이유

진로와
취업전략

Chapter 3 자기이해

학습 내용   나의 생애가치관이란?
직업선호도검사와 mbti 성격검사를 통한
자기이해의 시간을 갖는다.

1 생애가치관

생애가치관이란? 살아있는 한평생 기간에 인간이 삶이나 어떤 대상에 대해서 무엇이 좋고, 옳고, 바람직한 것인지를 판단하는 관점을 말한다. 누구나 살면서 환경과 경험 등에 의해 자신이 소중하다고 생각되는 가치들이 존재한다. 내가 세상을 바라보는 주요 관점이 무엇인지 스스로 확인하는 작업을 해보자. 평소 자신이 무의식적으로 생각해온 소중하게 여겼던 가치들을 발견할 수 있게 된다.

 가치 종류표

ㄱ	가족, 건강, 가능성, 감사, 겸손, 근면, 공동체, 권력, 권위, 기쁨, 깨달음, 끈기, 공익
ㄴ	나눔, 너그러움
ㄷ	도움, 도전, 독립심, 뛰어남
ㄹ	명성, 명확성, 모험
ㅂ	배려, 봉사, 번영, 복지
ㅅ	사랑, 성공, 성장, 실천, 신뢰, 신앙, 성실, 솔직, 상상
ㅇ	인정, 역동성, 영성, 영향력, 열정, 용기, 용서, 위임, 유머, 유연성, 약속, 양육, 애국, 인간존중, 우정, 인내
ㅈ	자유, 재미, 전문성, 전통, 정의, 조화, 존경, 지혜, 진실, 질서, 자아실현, 자기표현, 자비, 자기개발, 자기관리, 중용, 장수, 정직, 정확
ㅊ	청결, 창의성, 책임감, 최선, 충성
ㅍ	평온, 평화
ㅎ	행복, 화합, 활기, 힘, 헌신, 협력
	기타

가치종류표를 보고, 내가 생각하는 소중한 가치를 쓰시오.

_____

_____

_____

_____

살면서 크게 화를 냈던 경험, 누군가 너무 미웠던 경험, 용납하기 힘들었던 경험을 떠올리고 어떤 가치 때문이었는지 쓰시오.

_____

_____

_____

_____

2 직업가치관

자신이 소중하게 여기는 가치에 대해 충분히 고민해 보았다면,
이번에는 직업과 연관된 가치관을 찾아보는 시간을 갖자.

직업가치관이란? 자신이 맡은 직업을 수행하는 데 있어서 바람직한 특성을 말한다. 자신이 중요하다고 생각하는 직업가치에 의해 직장을 선택하였을 경우, 직장에서 좌절과 불만에 휩싸이는 환경에 처하더라도, 문제를 극복하고 회복하는 능력이 밑바탕이 되어 직장 만족감을 높일 수 있는 것으로 알려져 있다.

직업은 단순히 돈을 벌어 의식주를 해결하기 위한 경제적 목적뿐 아니라 자아정체성의 발현이라고 할 수 있다. 자신의 성격이나 흥미, 가치관, 적성에 맞는 직업을 통해 자신의 능력을 발휘하고 사회적인 인정과 명성을 얻음으로써 자아성취감을 얻는다는 심인적 목적도 가지고 있다. 또한 직업을 통해 조직 안에서 폭넓은 대인관계를 형성함으로써 타인의 삶에 긍정적인 영향과 도움을 줄 수 있다. 따라서 직업은 전생애적 관점에서 삶의 만족과 행복을 결정짓는 중요한 요소이다.

직업을 선택하는 기준은 사람마다 다르다. 어떤 사람은 급여수준을 우선시하고 어떤 사람은 직업의 안정성을 중요시하며, 사회적 지위와 명성이나 개인의 발전 가능성을 더 핵심 기준으로 보기도 한다. 자신의 직업가치관검사를 통하여 자신의 직업가치관 특성을 면밀히 검토하고 나에게 적합한 직업을 선택해보자.

1 직업가치관검사

검사방법
워크넷 → 직업·진로 → 직업심리검사 → 직업심리검사 실시 → 직업가치관검사
(20분 소요)

직업가치관검사란(도구적/과학적 검사)?

직업가치관검사는 직업을 선택할 때 중요하게 생각하는 가치가 무엇인지를 확인해보는 심리검사이다. 내가 중요하게 생각하는 가치를 충족시킬 수 있는 직업에 종사할 때 해당 직업에 만족도가 높을 것이라는 전제하에 만들어진 검사이다. 직업가치를 13개 가치요인(성취, 봉사, 개별활동, 직업안정, 변화지향, 몸과 마음의 여유, 영향력, 지식추구, 애국, 자율, 금전적 보상, 인정, 실내활동)을 기준으로 직업가치관에 적합한 직업분야를 안내해준다.

2 직업가치관검사지 해석

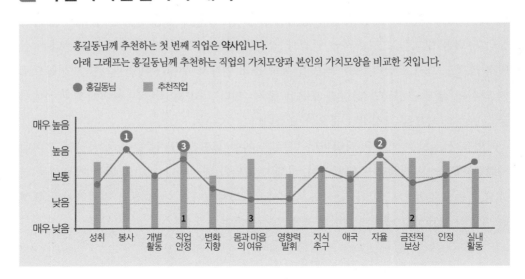

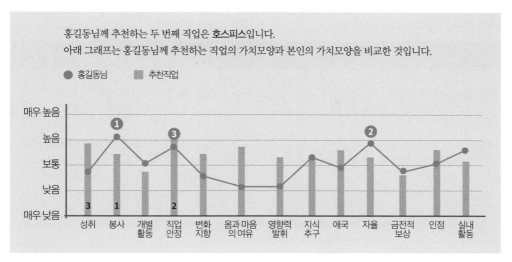

홍길동님께 추천하는 두 번째 직업은 **호스피스**입니다.
아래 그래프는 홍길동님께 추천하는 직업의 가치모양과 본인의 가치모양을 비교한 것입니다.

● 홍길동님   ■ 추천직업

매우 높음 / 높음 / 보통 / 낮음 / 매우 낮음

성취 / 봉사 / 개별활동 / 직업안정 / 변화지향 / 몸과마음의여유 / 영향력발휘 / 지식추구 / 애국 / 자율 / 금전적보상 / 인정 / 실내활동

13가지의 직업가치를 점수화하여 가장 높은 점수가 나온 3가지는 1위, 2위, 3위로 내가 중요하게 여기고 있는 가치이다.

검사 결과 점수가 높게 나온 해당 가치요인이 충족될 수 있는 가능한 직업에 대해 자세한 정보를 알아보자. 그러나 직업을 선택할 때 직업가치만을 고려해서는 안 된다.

자신의 가치와 맞는다 하더라도 직업에서 요구되는 업무를 수행할 능력이 없거나 해당분야에 대한 흥미가 없을 수도 있기 때문이다. 또한 학력수준, 직업의 전망, 경제적 여건과 같은 외적인 요인도 함께 고려해야 한다. 따라서 다음은 직업 흥미를 알아보도록 하자.

직업 가치관의 종류

가치 요인	가치 설명	관련 직업
1. 성취	스스로 달성하기 어려운 목표를 세우고 이를 달성하여 성취감을 맛보는 것을 중시하는 가치	대학교수, 연구원, 프로운동선수, 연구가, 관리자 등
2. 봉사	자신의 이익보다는 사회의 이익을 고려하며, 어려운 사람을 돕고, 남을 위해 봉사하는 것을 중시하는 가치	판사, 소방관, 성직자, 경찰관, 사회복지사 등
3. 개별활동	여러 사람과 어울려 일하기보다 자신만의 시간과 공간을 가지고 혼자 일하는 것을 중시하는 가치	디자이너, 화가, 운전사, 교수, 연주가 등
4. 작업안정	해고나 조기퇴직의 걱정 없이 오랫동안 안정적으로 일하며 안정적인 수입을 중시하는 가치	연주가, 미용사, 교사, 약사, 변호사, 기술자 등
5. 변화지향	일이 반복적이거나 정형화되어 있지 않으며 다양하고 새로운 것을 경험할 수 있는지를 중시하는 가치	연구원, 컨설턴트, 소프트웨어개발자, 광고 및 홍보전문가, 메이크업 아티스트 등
6. 몸과 마음의 여유	건강을 유지할 수 있으며 스트레스를 적게 받고 마음과 몸의 여유를 가꿀 수 있는 업무나 직업을 중시하는 가치	레크리에이션 진행자, 교사, 대학교수, 화가, 조경기술자 등
7. 영향력 발휘	타인에게 영향력을 행사하고 일을 자신의 뜻대로 진행할 수 있는지를 중시하는 가치	감독 또는 코치, 관리자, 성직자, 변호사 등
8. 지식추구	일에서 새로운 지식과 기술을 얻을 수 있고 새로운 지식을 발견할 수 있는지를 중시하는 가치	판사, 연구원, 경영컨설턴트, 소프트웨어개발자, 디자이너 등
9. 애국	국가의 장래나 발전을 위하여 기여하는 것을 중시하는 가치	군인, 경찰관, 검사, 소방관, 사회단체활동가 등
10. 자율	다른 사람들에게 지시나 통제를 받지 않고 자율적으로 업무를 해나가는 것을 중시하는 가치	연구원, 자동차영업원, 레크리에이션 진행자, 광고전문가, 예술가 등
11. 금전적 보상	생활하는 데 경제적인 어려움이 없고 돈을 많이 벌 수 있는지를 중시하는 가치	프로운동선수, 증권 및 투자중개인, 공인회계사, 금융자산운용가, 기업 고위임원 등
12. 인정	자신의 일이 다른 사람들로부터 인정받고 존경받을 수 있는지를 중시하는 가치	항공기조종사, 판사, 교수, 운동선수, 연주가 등
13. 실내활동	주로 사무실에서 일할 수 있으며 신체활동을 적게 요구하는 업무나 직업을 중시하는 가치	번역사, 관리사, 상담원, 연구원, 법무사 등

워크시트

내 꿈의 변천사

어린 시절 한 번쯤 하고 싶었던 일이나 되고 싶은 사람을 그려 본 적 있는가. 어떤 꿈은 단순히 생각으로 머물다가 사라지기도 하지만 어떤 꿈은 오랫동안 간직하고 구체화해 보려는 시도를 하기도 한다. 잊었던 어린 시절 꿈들을 하나하나 되새겨 보면서 그 꿈을 꾸게 된 계기와 꿈을 포기하게 된 이유를 살펴보자.

	직 업	그 직업을 갖고 싶었던 이유
초등학교 시절 꿈		
중학교 시절 꿈		
고등학교 시절 꿈		
현재 꿈		

3 성격

1 성격의 개념

성격이란 영구적인 형태로 유형화된 개인의 기능을 가리키는 용어로서 타인에 의해 지각된, 개인의 사고, 감정 그리고 행동의 습관적인 방식을 말한다. R.B. 커텔은 성격이란 어떠한 주어진 상황에서 그가 어떠한 행동을 할 것인가를 우리들에게 예상하게 하는 것이라고 하였다. 정신역동적인 관점에서 성격은 심리내적 갈등을 조정하는 개인의 습관적인 양식으로 정의된다. 성격은 밖으로 드러나는 외면적 특성뿐 아니라 외적으로 판단하기 어려운 복잡한 내면적 특성도 지니고 있으므로, 전문적인 심리검사를 활용하는 것이 좋은 방법이다.

2 성격의 특성

❶ 성격은 오랜 시간에 걸쳐 발달된 개인의 한 측면(aspect)으로서 유전적 기질과 환경의 영향으로 형성된다.

❷ 타인과 구별되게 각 개인에게 고유성을 주는 특질로 지속성과 안정성의 특징을 갖는다.

❸ 변화될 수 있으나 나이가 들어감에 따라 매우 느리게 변화된다.

❹ 패턴과 특성으로 구성되어 있다. 이 패턴과 특성은 개인의 삶에 대한 적응과 개인이 경험하는 만족과 불만족을 지시한다(dictate).

❺ 계속적으로 좌절, 불안, 곤란, 불만족 등을 야기하는 성격의 특성을 가지고 있을 때 만족스런 적응을 가져오는 성격의 특성으로 변화하도록 노력해야 한다.

❸ 성격유형지표

MBTI(The Myers-Briggs Type Indicator)란 '마이어브릭스 유형지표(The Myers-Briggs Type Indicator)'의 약어이다. '마이어브릭스 성격진단' 또는 '성격유형지표'라고도 한다. 융(C.G. Jung)의 심리유형론을 근거로 하는 심리검사로, 1921~1975년에 브릭스(Katharine Cook Briggs)와 마이어(Isabel Briggs Myers) 모녀가 개발했다. MBTI의 바탕이 되는 Jung의 성격이론의 요점은 각 개인이 외부로부터 정보를 수집하고(인식기능), 자신이 수집한 정보에 근거해서 행동을 위한 결정을 내리는 데 있어서(판단기능) 각 개인이 선호하는 방법이 근본적으로 다르다는 것이다.

Jung은 인간의 행동이 겉으로 보기에는 제멋대로이고 예측하기 힘들 정도로 변화무쌍해 보이지만, 사실은 매우 질서정연하고 일관성이 있으며 몇 가지의 특징적인 경향으로 나뉘어져 있음을 강조하였다(Jung, 1976). Jung은 인간의 심리적 에너지가 그 사람의 내부에서 연유되는가 또는 외부에서 연유하는가에 따라서 어떤 사람은 내향성, 어떤 사람은 외향성이 된다고 보았다. 그는 인간이 외부환경을 대하는 방법에도 각기 개인차가 있는데, 이는 바로 이런 독특한 마음의 기능에서 연유되는 것으로 해석하였다.

🌳 선호 경향

외향 E	에너지방향	내향 I
감각 S	인식기능	직관 N
사고 T	판단기능	감정 F
판단 J	생활양식	인식 P

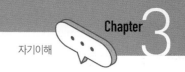
4 4가지 선호지표 해석

외향형(Extraversion)	내향형(Introversion)
폭넓은 대인관계 유지, 사교적, 정열적, 활동적	깊이 있는 대인관계 유지, 조용하고 신중, 이해한 다음 경험
감각형(Sensing)	직관형(Intuition)
오감에 의존, 실제의 경험 중시 현재에 초점을 맞추고 정확, 철저	육감 내지 영감에 의존, 미래지향적 가능성과 의미를 추구 신축, 비약적으로 일 처리
사고형(Thinking)	감정형(Feeling)
진실과 사실에 주 관심, 논리적, 분석적, 객관적 판단	사람과 관계에 주 관심 상황적이며 정상 참작한 설명
판단형(Judging)	인식형(Perceiving)
분명한 목적과 방향, 기한 엄수 철저한 사전계획, 체계적	목적과 방향 변화 가능 상황에 따라 일정이 달라짐. 자율적, 융통성

MBTI는 개인마다 태도와 인식, 판단 기능에서 각자 선호하는 방식의 차이를 나타내는 4가지 선호지표로 구성되어 있다(Myers, Kirby & Myers, 1998). 이 4가지는 정신적 에너지의 방향성을 나타내는 외향-내향(E-I) 지표, 정보 수집을 포함한 인식의 기능을 나타내는 감각-직관(S-N) 지표, 수집한 정보를 토대로 합리적으로 판단하고 결정하는 사고-감정(T-F) 지표, 인식기능과 판단기능이 실생활에서 드러난 생활양식을 보여주는 판단-인식(J-P) 지표이다. MBTI는 이 4가지 선호지표가 조합된 양식을 통해 16가지 성격 유형을 설명하여, 성격적 특성과 행동의 관계를 이해하도록 돕는다.

외향성(extraversion)과 내향성(introversion)

외향-내향 지표는 심리적 에너지와 관심의 방향이 자신의 내부와 외부 중 주로 어느 쪽으로 향하느냐를 보여주는 지표이다. 외향적인 사람은 주로 외부 세계에 관심의 초점을 두고 더 주의를 기울이며, 사교적이고 활동적이다. 말로 표현하기를 즐기고, 외부의 자극을 통해 배우는 방식을 선호하기 때문에 경험한 후 이해하는 경향이 있으며, 자신을 숨기기보다는 드러낸다.

반면, 내향적인 사람은 자신의 내면에 더 주의를 집중하며, 조용하고 내적 활동을 즐기는 경향이 있다. 생각이 많고, 말보다는 글로 표현하는 것을 더 편하게 느끼며, 이해한 다음에 경험하는 방식을 선호하여 생각을 마친 후에 행동하는 경향이 있다.

감각형(sensing)과 직관형(intuition)

감각-직관 지표는 사람이나 사물 등의 대상을 인식하고 지각하는 방식에서 감각과 직관 중 어느 쪽을 주로 더 사용하는지에 관한 지표이다. 감각형인 사람들은 일반적으로 오감에 의존하고, 현재에 집중하는 경향이 있다. 일처리가 철저한 편이고, 실제적인 것을 중시하며, 사건을 사실적으로 묘사하는 경향이 있고, 세심한 관찰 능력이 뛰어나다.

반면, 직관형인 사람들은 상상력이 풍부하고 창조적이며, 보이는 것 그대로를 보기보다는 육감에 의존하려 한다. 나무보다는 숲을 보려는 경향이 있고, 가능성을 중요시하며, 비유적인 묘사를 선호하는 경향이 있다.

사고형(thinking)과 감정형(feeling)

사고-감정 지표는 수집한 정보를 바탕으로 판단하고 결정을 내릴 때 사고와 감정 중 어떤 것을 더 선호하는지 알려 준다. 사고형인 사람들은 객관적인 사실에 주목하며, 분석적으로 판단하고자 한다. 공정성을 중요한 가치로 여기고, 원칙과 규범을 지키는 것을 중요시한다. 비판적이고, 맞다-틀리다 식의 사고를 하는 경향이 있다.

반면, 감정형인 사람들은 판단을 내릴 때 원리 원칙에 얽매이기보다는 인간적인 관계나 상황적인 특성을 고려하여 판단하고 결정을 내리고자 한다. 이들은 좋다-나쁘다 식의 사고를 하며 정서적 측면에 집중하고, 논리적인 판단이나 원칙보다는 사람들에게 어떤 결과를 가져올지 등을 더 중요시한다.

판단형(judging)과 인식형(perceiving)

판단-인식 지표는 인식기능과 판단기능을 바탕으로 실생활에 대처하는 방식에 있어 판단과 인식 중 어느 쪽을 주로 선호하는지에 관한 경향성을 나타내는 지표이다. 판단형의 사람들은 빠르고 합리적이며 옳은 결정을 내리고자 한다. 이들은 목적 의식이 뚜렷하며, 조직적이고 체계적으로 행동하는 경향이 있다. 인식형의 사람들은 판단형의 사람들

보다 상황에 맞추어 활동하고, 모험이나 변화에 대한 열망이 높다. 매사에 호기심이 많으며, 사전에 계획을 세웠다 하더라도 상황에 따라 유연하게 행동하는 경향이 있다.

MBTI(Myers-Briggs Type Indicator, 심리학용어사전, 2014. 4. 한국심리학회)

쉬어가기

태도 유형은 정신적 에너지의 방향성을 말한다. 태도 유형은 내향적 태도와 외향적 태도로 구분되며, 두 유형은 서로 대립적이다. 우선, 정신적 에너지가 외부 세계로 향하며 주체보다는 객체에 관심을 두고 외부의 기준에 따라 판단하고 행동하는 태도를 외향적 태도라고 한다. 반면, 정신적 에너지의 지향성이 주로 내부 세계로 향하며 객체보다는 주체에 관심을 두고 객관적인 상황보다 자신의 주관적인 기준에 따라 판단하고 행동하는 태도를 내향적 태도라고 한다(Jung, 1971).

융(Jung, 1971)은 인지적 기능을 판단함에 이분법을 제안했는데, 합리적 기능은 판단(judging)을 내릴 때 사고(thinking)와 감정(feeling) 중 어느 것을 주로 사용하는지, 그리고 비합리적 기능은 인식(perceiving)할 때 감각(sensing)과 직관(intuition) 중 어느 것을 주로 사용하는지에 따라 나누어진다. 우선 판단기능은 이성적으로 진행되는 합리적 기능으로, 사고와 감정이 여기에 속한다. 반면, 인식 기능은 정보 수집 시 이성적인 고려 없이 직접적으로 일어나기 때문에 비합리적 기능이라고 했으며, 감각과 직관이 이에 속한다(Jung, 1971).

정신의 기능 유형은 감각과 직관, 사고와 감정이 서로 양극단의 구도를 이루고 있어, 한 기능이 우세해지면 다른 기능은 약화된다. 융의 심리유형론에서 강조하는 것은 각 개인마다 인식기능과 판단기능에서 각자 선호하는 방식에 차이가 있고, 이러한 차이에 따라 고유한 성격 유형으로 분화된다는 것이다.

(노안영, 강영신, 2011.심리학용어사전, 2014. 4. 한국심리학회)

5 MBTI 성격유형 TEST

MBTI 성격유형 TEST

4개의 테스트가 있습니다. 각각 10개의 문항 중 자신이 그렇게 했을 경우에 편하게 느껴지고 익숙한 것에 체크하시고 결과를 확인해 보세요.(한국mbti연구소 요약)

TEST 01   외향성(E)과 내향성(I)에 대한 테스트

	E TYPE	**I** TYPE
1	나는 말을 많이 하다 보니 실수할 때가 종종 있다.	나는 말이 없어 주변 사람들이 답답해 할 때가 있다.
2	나는 새로운 사람을 만나면 기분이 좋아진다.	나는 모르는 사람을 만나는 일은 피곤하다.
3	어떤 일에 대해 말하는 도중에 생각하고 대화 도중 결심할 때가 있다.	어떤 일에 대해 의견을 말하기에 앞서 신중히 생각하는 편이다.
4	나는 팀으로 일하는 것이 편하다.	나는 혼자 혹은 다른 사람 한 명 정도와 일하는 것이 편하다.
5	나는 생각이나 견해를 사람들에게 표현하기를 좋아한다.	나는 대체로 나의 삶, 생각, 견해를 내 안에 간직하는 편이다.
6	회의나 모임이 끝나면 말을 너무 많이 한 것 같다고 후회할 때가 있다.	회합이나 모임이 끝나고 나면 나의 생각을 이야기하지 않은 것을 후회할 때가 있다.
7	오랜 시간 혼자 일하다 보면 외롭고 지루하고 힘들다.	혼자 오랜 시간 일해도 외롭다거나 지루하지 않다.
8	일할 때 적막한 것보다는 어느 정도의 소리가 자극이 되기도 한다.	나는 시끄러운 환경에서 일을 제대로 할 수 없다.
9	말이 빠르고 목소리가 큰 편에 속한다.	목소리가 작고 조용하게 말한다.
10	나는 활동적인 편이다.	나는 집에 있는 것이 편하다.

① E가 6개 이상인 경우: E-TYPE(외향형)

② I가 6개 이상인 경우: I-TYPE(내향형)

③ E와 I가 각각 5개인 경우: E-TYPE(외향형)

TEST 02   감각(S)과 직관(N)에 대한 테스트

	감각(S)	직관(N)
1	나는 현실적이다.	나는 미래지향적이다.
2	나는 과거의 경험으로 판단한다.	나는 미래의 가능성으로 판단한다.
3	나는 사실적 표현을 잘한다.	나는 추상적 표현을 잘한다.
4	나는 구체적이다.	나는 은유적이다.
5	나는 상식적이다.	나는 창의적이다.
6	나는 갔던 길로 가는 것이 편하다.	나는 새로운 길이 재미있다.
7	나는 집안일을 잘 할 줄 아는 편이다.	나는 집안일이 서투르다.
8	나는 한 번 간 길도 잘 기억하는 편이다.	나는 한 번 간 길은 잘 기억하지 못하는 편이다.
9	나는 실제 경험을 좋아한다.	나는 공상을 좋아한다.
10	나는 침착한 편이다.	나는 비약한다.

① S가 6개 이상인 경우: S-TYPE(감각형)

② N가 6개 이상인 경우: N-TYPE(직관형)

③ S와 N이 각각 5개인 경우: N-TYPE(직관형)

TEST 03 사고(T)와 감정(F)의 선호경향에 대한 테스트

	T TYPE	F TYPE
1	나는 분석적이다.	나는 감수성이 풍부하다.
2	나는 객관적이다.	나는 공감적이다.
3	나는 감정에 치우치지 않고 의사결정을 한다.	나는 상황을 생각하며 의사결정을 한다.
4	나는 이성과 논리로 행동한다.	나는 가치관과 느낌으로 행동한다.
5	나는 능력 있다는 소리를 듣기 좋아한다.	나는 따뜻하다는 소리를 듣기 좋아한다.
6	나는 경쟁한다.	나는 양보한다.
7	나는 직선적인 말이 편하다.	나는 배려하는 말이 편하다.
8	나는 사건의 원인과 결과를 쉽게 파악한다.	나는 사람의 기분을 쉽게 파악한다.
9	사람들은 나를 차갑다고 하는 편이다.	사람들은 나를 따뜻하다고 한다.
10	나는 할 말은 한다.	나는 좋게 생각하는 편이다.

결과
① T가 6개 이상인 경우: T-TYPE(사고형)
② F가 6개 이상인 경우: F-TYPE(감정형)
③ T와 F가 각각 5개인 경우: F-TYPE(감정형)

TEST 04 판단(J)과 인식(P)의 선호경향에 대한 테스트

	J TYPE	**P** TYPE
1	나는 결정에 대해서 잘 변경하지 않는 편이다.	나는 결정에 대해서 융통성이 있는 편이다.
2	나는 계획에 의해서 일처리를 하는 편이다.	나는 일처리를 마지막에 벼락치기로 하는 편이다.
3	나는 계획된 여행이 편하다.	나는 갑자기 떠나는 여행이 재미있다.
4	나는 팀으로 일하는 것이 편하다.	나는 혼자서 일하는 것이 편하다.
5	나는 입장이나 결정에 대해 명확하게 언급하는 것을 좋아한다.	나는 변화의 가능성을 생각하면서 자신의 입장을 임시적인 것으로 간주한다.
6	나는 조직적인 분위기에 일이 잘된다.	나는 즐거운 분위기에 일이 잘된다.
7	나는 계획적이고 조직적이다.	나는 순발력 있다.
8	나는 규범을 좋아한다.	나는 자유로운 것을 좋아한다.
9	나는 일할 때 친해진다.	나는 놀 때 친해진다.
10	내 책상은 정리가 잘 되어 있다.	내 책상은 이것저것 벌려져 있다.

결과
① J가 6개 이상인 경우: J-TYPE(판단형)
② P가 6개 이상인 경우: P-TYPE(인식형)
③ J와 P가 각각 5개인 경우: P-TYPE(인식형)

해석지

ISTJ

책임감이 강하며,
현실적이다. 매사에
철저하고 보수적이다.

ISFJ

차분하고 헌신적이며,
인내심이 강하다.
타인의 감정 변화에
주의를 기울인다.

INFJ

높은 통찰력으로
사람들에게 영감을 준다.
공동체의 이익을
중요시한다.

INTJ

의지가 강하고,
독립적이다.
분석력이 뛰어나다.

ISTP

과묵하고 분석적이며,
적응력이 강하다.

ISFP

온화하고 겸손하다.
삶의 여유를 만끽한다.

INFP

성실하고 이해심 많으며,
개방적이다.
잘 표현하지 않으나,
내적 신념이 강하다.

INTP

지적 호기심이 높으며,
잠재력과 가능성을
중요시한다.

ESTP

느긋하고, 관용적이며,
타협을 잘한다.
현실적 문제해결에
능숙하다.

ESFP

호기심이 많으며,
개방적이다.
구체적인 사실을
중시한다.

ENFP

상상력이 풍부하고,
순발력이 뛰어나다.
일상적인 활동에
지루함을 느낀다.

ENTP

박학다식하고,
독창적이다. 끊임없이
새로운 시도를 한다.

ESTJ

체계적으로 일하고,
규칙을 준수한다.
사실적 목표
설정에 능하다.

ESFJ

사람에 대한 관심이
많으며, 친절하다.
동정심이 많다.

ENFJ

사교적이고, 타인의
의견을 존중한다. 비판을
받으면 예민하게
반응한다.

ENTJ

철저한 준비를 하며,
활동적이다.
통솔력이 있으며
단호하다.

ISTJ

신중하고 조용하며 집중력이 강하고 매사에 철저하다. 구체적, 체계적, 사실적, 논리적, 현실적인 성격을 띠고 있으며, 신뢰할 만하다. 만사를 체계적으로 조직화시키려고 하며 책임감이 강하다. 성취해야 한다고 생각하는 일이면 주위의 시선에 아랑곳하지 않고 꾸준하고 건실하게 추진해 나간다.

ISFJ

조용하고 친근하고 책임감이 있으며 양심이 바르다. 맡은 일에 헌신적이며 어떤 계획의 추진이나 집단에 안정감을 준다. 매사에 철저하고 성실하고 정확하다. 기계분야에는 관심이 적다. 필요하면 세세한 면까지도 잘 처리해 나간다. 충실하고 동정심이 많고 타인의 감정에 민감하다.

INFJ

인내심이 많고 독창적이며 필요하거나 원하는 일이라면 끝까지 이루려고 한다. 자기 일에 최선의 노력을 다한다. 타인에게 말없이 영향력을 미치며, 양심이 바르고 다른 사람에게 따뜻한 관심을 가지고 있다. 확고부동한 원리원칙을 중시한다. 공동선을 위해서는 확신에 찬 신념을 가지고 있기 때문에 존경을 받으며 사람들이 따른다.

INTJ

대체로 독창적이며 자기 아이디어나 목표를 달성하는 데 강한 추진력을 가지고 있다. 관심을 끄는 일이라면 남의 도움이 있든 없든 이를 계획하고 추진해 나가는 능력이 뛰어나다. 회의적, 비판적, 독립적이고 확고부동하며 때로는 고집스러울 때도 많다. 타인의 감정을 고려하고 타인의 관점에도 귀를 기울이는 법을 배워야 한다.

ISTP

차분한 방관자이다. 조용하고 과묵하며, 절제된 호기심을 가지고 인생을 관찰하고 분석한다. 때로는 예기치 않게 유머 감각을 나타내기도 한다. 대체로 인간관계에 관심이 없고, 기계가 어떻게 왜 작동하는지 흥미가 많다. 논리적인 원칙에 따라 사실을 조직화하기를 좋아한다.

 ISFP

말없이 다정하고 친절하고 민감하며 자기 능력을 뽐내지 않고 겸손하다. 의견의 충돌을 피하고 자기 견해나 가치를 타인에게 강요하지 않는다. 남 앞에 서서 주도해 나가기보다 충실히 따르는 편이다. 일하는 데에도 여유가 있다. 왜냐하면 목표를 달성하기 위해 안달복달하지 않고 현재를 즐기기 때문이다.

 INFP

정열적이고 충실하나 상대방을 잘 알기 전까지는 이를 드러내지 않는 편이다. 학습, 아이디어, 언어, 자기 독립적인 일에 관심이 많다. 어떻게 하든 이루어내기는 하지만 일을 지나치게 많이 벌이려는 경향을 가지고 있다. 남에게 친근하기는 하지만, 많은 사람들을 동시에 만족시키려는 부담을 가지고 있다. 물질적 소유나 물리적 환경에는 별 관심이 없다.

 INTP

조용하고 과묵하다. 특히 이론적·과학적 추구를 즐기며, 논리와 분석으로 문제를 해결하기를 좋아한다. 주로 자기 아이디어에 관심이 많으나, 사람들의 모임이나 잡담에는 관심이 없다. 관심의 종류가 뚜렷하므로 자기의 지적 호기심을 활용할 수 있는 분야에서 능력을 발휘할 수 있다.

 **ESTP**

현실적인 문제해결에 능하다. 근심이 없고 어떤 일이든 즐길 줄 안다. 기계 다루는 일이나 운동을 좋아하고 친구 사귀기를 좋아한다. 적응력이 강하고 관용적이며, 보수적인 가치관을 가지고 있다. 긴 설명을 싫어한다. 기계의 분해 또는 조립과 같은 실제적인 일을 다루는데 능하다.

 ESFP

사교적이고 태평스럽고 수용적이고 친절하며, 만사를 즐기는 형이기 때문에 다른 사람들로 하여금 일에 재미를 느끼게 한다. 운동을 좋아하고 주위에 벌어지는 일에 관심이 많아 끼어들기 좋아한다. 추상적인 이론보다는 구체적인 사실을 잘 기억하는 편이다. 건전한 상식이나 사물뿐 아니라 사람들을 대상으로 구체적인 능력이 요구되는 분야에서 능력을 발휘할 수 있다.

 **ENFP**

따뜻하고 정열적이고 활기가 넘치며 재능이 많고 상상력이 풍부하다. 관심이 있는 일이라면 어떤 일이든지 척척 해낸다. 어려운 일이라도 해결을 잘하며 항상 남을 도와줄 태세를 가지고 있다. 자기 능력을 과시한 나머지 미리 준비하기보다 즉흥적으로 덤비는 경우가 많다. 자기가 원하는 일이라면 어떠한 이유라도 갖다 붙이며 부단히 새로운 것을 찾아 나선다.

 **ENTP**

민첩하고 독창적이고 안목이 넓으며 다방면에 재능이 많다. 새로운 일을 시도하고 추진하려는 의욕이 넘치며, 새로운 문제나 복잡한 문제를 해결하는 능력이 뛰어나며 달변이다. 그러나 일상적이고 세부적인 면은 간과하기 쉽다. 하나의 일에 관심을 가져도 부단히 새로운 것을 찾아나간다. 자기가 원하는 일이면 논리적인 이유를 찾아내는 데 능하다.

 **ESTJ**

구체적이고 현실적이고 사실적이며, 기업 또는 기계에 재능을 타고 난다. 실용성이 없는 일에는 관심이 없으며 필요할 때 응용할 줄 안 다. 활동을 조직화하고 주도해 나가기를 좋아한다. 타인의 감정이나 관점에 귀를 기울일 줄 알면 훌륭한 행정가가 될 수 있다.

 ESFJ

마음이 따뜻하고 이야기하기 좋아하고, 사람들에게 인기가 있고 양 심이 바르고 남을 돕는 데에 타고난 기질이 있으며 집단에서도 능 동적인 구성원이다. 조화를 중시하고 인화를 이루는 데 능하다. 항 상 남에게 잘해주며, 격려나 칭찬을 들을 때 가장 신바람을 낸다. 사 람들에게 직접적이고 가시적인 영향을 줄 수 있는 일에 가장 관심 이 많다.

 **ENFJ**

주위에 민감하며 책임감이 강하다. 다른 사람들의 생각이나 의견을 중히 여기고, 다른 사람들의 감정에 맞추어 일을 처리하려고 한다. 편안하고 능란하게 계획을 내놓거나 집단을 이끌어가는 능력이 있 다. 사교성이 풍부하고 인기 있고 동정심이 많다. 남의 칭찬이나 비 판에 지나치게 민감하게 반응한다.

 **ENTJ**

열성이 많고 솔직하고 단호하고 통솔력이 있다. 대중 연설과 같이 추리와 지적 담화가 요구되는 일이라면 어떤 것이든 능하다. 보통 정보에 밝고 지식에 대한 관심과 욕구가 많다. 때로는 실제의 자신 보다 더 긍정적이거나 자신 있는 듯한 사람으로 비칠 때도 있다.

워크시트

MBTI검사 결과지를 토대로

1. 자신이 속해 있는 성격 유형의 장점과 단점을 찾아보자.
2. 자신이 함께 일하기 어렵거나 불편한 성격 유형을 찾아보자.

각자 자신의 사례 중심으로 이야기를 나눈다.

성격 유형	
장점	단점

나와 일하기 불편한 유형은?	
불편한 유형과 어떻게 어울려야 할까?	

4 흥미

1 흥미

흥미란 능력과 달리 어떤 일이나 활동을 좋아하고 관심을 가지는지를 의미한다.

진로심리학자 존 홀랜드(Holland)에 의하면, 흥미는 유전과 환경의 산물이다. 유전적인 잠재력과 환경에서의 학습 간의 상호작용의 결과, 어떤 과업을 선호하는 위계가 발전된다. 이러한 흥미 위계로 인해서 개인 특유의 관심분야와 기질이 형성되고, 이는 개인이 독특한 방식으로 생각하고, 지각하며, 행동하도록 한다. 따라서 자신이 흥미가 있는 직업을 선택하는 것이 이상적이다.

2 Holland의 직업흥미검사를 통한 진로탐색

Holland의 직업흥미 기본 가정

· 타인과 나를 구분지을 수 있는 특성 중에는 흥미가 있다.
· 대부분 사람들이 좋아하는 것, 싫어하는 것, 관심사가 각자 다르다.
· 사람들은 자신에게 맞는 환경을 찾는다.
· 성격과 환경의 상호작용이 행동으로 나타나게 되어 있다.
· 자신이 좋아하는 것과 직업에서 좋아하는 것이 서로 일치할 때 만족도와 적응력이 높아진다.

직업선호도검사란?

Holland의 6가지 흥미유형 분류에 근거하여 자신의 특성을 탐색하고 흥미유형에 적합한 직업을 제시한 검사이다.

직업선호도 검사방법

워크넷(www.work.go.kr) → 진로, 상담 → 직업선호도검사 S형

③ 직업선호도검사 해석방법

직업탐색을 위한 홀랜드의 6가지 모형

개인의 흥미를 측정하기 위해 활동에 대한 관심, 유능감, 직업에 대한 선호, 선호분야, 일반성향의 다양한 특성을 측정하며 이를 토대로 개인의 흥미유형을 6가지 유형으로 분류하여 결과원점수와 표준점수를 제시한다.

원점수 VS 표준점수

원점수는 스스로가 좋아하거나 싫어한다고 주관적으로 여기는 흥미정도이며, 표준점수는 타인과 비교하였을 때의 흥미 수준을 말한다.

 원점수와 표준점수

원점수(raw scores)		표준점수(standard scores)	
일반적으로 결과해석에 편리하도록 점수전환을 하게 되는데 원점수란 전환을 위한 기초점수입니다.		타인과의 비교를 위해 원점수를 해석하기 편리하게 전환한 검사점수입니다.	
표준점수	40점 이하	41-59점	60점 이상
백분점수	16점 이하	17-83점	84점 이상
점수의미	대체로 낮은 점수	중간점수	대체로 높은 점수

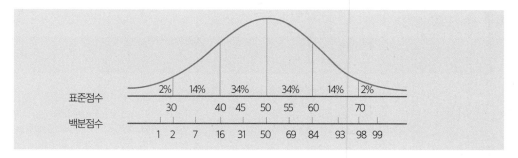

 직업 흥미유형별 점수

당신의 흥미코드: ES (진취형/사회형)						
구분	현실형(R)	탐구형(I)	예술형(A)	사회형(S)	진취형(E)	관습형(C)
원점수	9	5	3	23	30	15
표준점수	45	45	41	63	74	54

 흥미의 육각형 모형

육각형 모양			
		한쪽으로 일그러진 모양	정육각형에 가까운 모양
육각형 크기	크다	• 특정 분야에 뚜렷한 관심을 보임 • 흥미가 잘 발달되어 있고 안정적인 형태 • 당신의 성격, 능력, 경험 등이 관심분야와 조화로운지 살펴보는 것이 바람직	• 관심분야가 폭넓음 • 다양한 분야에 호기심 • 자신의 진정한 흥미분야가 무엇인지 잘 모름 • 능력, 성격, 경험 등을 고려하여 흥미분야를 좁히기
육각형 크기	작다	• 특정 분야에 대한 관심이 있기는 하지만 그 정도가 크지 않은 편 • 어떤 분야에 흥미가 있는지 탐색이 필요 • 조금이라도 관심이 있는 분야에 대해 적극적 탐색하는 것이 바람직	• 뚜렷한 관심분야 없음 • 무엇에 관심이 있는지, 무엇을 잘 할 수 있는지 자기이해 부족 • 과거에 즐거웠거나 잘할 수 있었던 작은 경험부터 떠올리기

6가지 흥미유형별 특성

구분	현실형(R)	탐구형(I)	예술형(A)	사회형(S)	진취형(E)	관습형(C)
흥미 특성	분명하고 질서 정연하고 체계 적인 것을 좋아 하고 연장이나 기계를 조작하 는 활동 내지 기술에 흥미가 있습니다.	관찰적, 상징 적, 체계적이 며 물리적, 생물학적, 문화적 현상의 창조적인 탐구 를 수반하는 활동에 흥미가 있습니다.	예술적 창조 와 표현, 변화와 다양 성을 선호하 고 틀에 박힌 것을 싫어하 며 모호하고, 자유롭고, 상징적인 활 동에 흥미가 있습니다.	타인의 문제를 듣고, 이해하고, 도와주고, 치료 해주고, 봉사하 는 활동에 흥미 가 있습니다.	조직의 목적과 경제적인 이익을 얻기 위해 타인을 지도, 계획, 통제, 관리하는 일과 그 결과로 얻어지 는 명예, 인정, 권위에 흥미가 있습니다.	정해진 원칙과 계획 에 따라 자료를 기록, 정리, 조직하는 일을 좋아하고 체계적인 작업환경 에서 사무적, 계산적 능력을 발휘하는 활동에 흥미가 있습 니다.
자기 평가	사교적 재능보 다는 손재능 및 기계적 소질이 있다고 평가	대인관계능력 보다는 학술적 재능이 있다고 평가	사무적 재능 보다는 혁신 적이고 지적 인 재능이 있다고 평가	기계적 능력보 다는 대인관계 적 소질이 있다 고 평가	과학적 능력보다 는 설득력 및 영업 능력이 있다 고 평가	예술적 재능보다는 비즈니스 실무능력 이 있다고 평가
타인 평가	겸손하고 솔직 하지만 독단적 이고 고집이 센 사람	지적이고 현학 적이며 독립적 이지만 내성적 인 사람	유별나고 혼란스러워 보이며 예민 하지만 창조 적인 사람	이해심 많고 사교적이고 동정적이며 이타적인 사람	열정적이고 외향 적이며 모험적이 지만 야심이 있는 사람	안정을 추구하고 규율적이지만 유능한 사람
선호 활동	기계나 도구 등 의 조작	자연 및 사회 현상의 탐구, 이해, 예측 및 통제	문학, 음악, 미술활동	상담, 교육, 봉사활동	설득, 지시, 지도 활동	규칙을 만들거나 따르는 활동
적성	기계적 능력	학구적 능력	예술적 능력	대인지향적 능력	경영 및 영업 능력	사무적 능력
성격	현실적이고 신중한 성격	분석적이고 지적인 성격	경험에 대해 개방적인 성격	동정심과 참을 성이 있는 성격	대담하고 사교적 인 성격	현실적이고 성실한 성격
가치	눈에 보이는 성취에 대한 물질적 보상	지식의 개발과 습득	아이디어, 정서, 감정의 창조적 표현	타인의 복지와 사회적 서비스 의 제공	경제적 성취와 사회적 지위	금전적 성취와 사회, 사업, 정치 영역에서 의 권력 획득
회피 활동	타인과의 상호 작용	설득 및 영업 활동	틀에 박힌 일이나 규칙	기계기술적활동	과학적, 지적, 추상적 주제	명확하지 않은 모호한 과제

대표 직업	기술자, 가동기계 및 항공기 조종사, 정비사, 농부, 엔지니어, 전기·기계기사, 군인, 경찰, 소방관, 운동선수 등	언어학자, 심리학자, 시장조사분석가, 과학자, 생물학자, 화학자, 물리학자, 인류학자, 지질학자, 경영 분석가 등	예술가, 작곡가, 음악가, 무대감독, 작가, 배우, 소설가, 미술가, 무용가, 디자이너, 광고 기획자 등	사회복지사, 교육자, 간호사, 유치원 교사, 종교지도자, 상담가, 임상치료가, 언어치료사 등	기업경영인, 정치가, 판사, 영업사원, 상품구매인, 보험회사원, 판매원, 연출가, 변호사 등	공인회계사, 경제분석가, 세무사, 경리사원, 감사원, 안전관리사, 사서, 법무사, 의무기록사, 은행사무원 등

직업선호도검사는 개인의 현재 보유능력이나 학력, 전공, 자격, 가치관 등은 반영하지 않고 오로지 흥미 성향과 성격, 생활사 등에 관련한 정보만을 제공한다. 비슷한 직업선호도검사 결과를 얻은 사람이라 할지라도 개개인은 세계관, 가치관, 인생관 등이 다르고 소유하고 있는 능력도 다르다. 따라서 직업선호도검사의 결과에 전적으로 의존하기보다는 검사결과와 함께 능력, 희망직업, 현 직업, 인적사항 등을 고려하여 종합적인 직업탐색 및 직업선택을 하는 것이 바람직하다.

직업탐색에 도움되는 다양한 심리 검사 종류

검사명	대 상	검사 내용
직업선호도검사 (S형/L형)	고3, 대학생, 성인 (만 18세~)	흥미와 성격을 진단하고 이에 적합한 직업 추천
성인용 직업적성검사	고2, 대학생, 성인 (만 18세~)	다양한 능력 중 어떤 능력이 탁월하여 적성능력에 비추어 적합 직종을 추천
직업가치관검사	중3~고3	가치요인별 개인의 수준을 측정하여 현직자 특성과 비교, 적합한 직종을 추천
IT직무 기본역량검사	고3, 대학생, 성인 (만 18세~)	IT직 직무수행에 요구되는 기초능력을 측정하여 각 분야에 적합성 정도를 제시
영업직무 기본역량검사	고3, 대학생, 성인 (만 18세~)	영업직 직무수행에 요구되는 기초능력을 측정하여 각 분야에 적합성 정도를 제시
구직준비도검사	만 18세~	실업자가 겪는 실직 충격과 새로운 일자리를 찾는 기술 정도를 진단
창업진단검사	만 18세~	창업희망자에게 창업소질정도 진단과 유리한 창업분야 안내

예술형
Artistic

무용가
음악가
화가
소설가
디자이너
예술가

사회형
Social

상담가
사회복지가
간호사
유치원교사
교육자
종교지도자

탐구형
Investigative

과학자
화학자
생물학자
의사
인류학자
물리학자

진취형
Enterprising

정치가
기업경영인
보험회사원
영업사원
상품구매인
판사

**6가지
흥미유형**

현실형
Realistic

조종사
운동선수
공학자
기술자
정비사

관습형
Conventional

세무사
공인회계사
은행원
경리사원
감사원

워크시트

나는 무엇을 원하는 것일까

	질 문	답 변
미션	내가 세상에 존재하는 목적은? 내가 세상에 기여하고 싶은 것은 무엇인가?	
핵심가치	내가 가장 소중하게 여기는 믿음과 신념 가치는 무엇일까?	
비전	내 삶의 장기적인 목표는 무엇일까?	

진로와
취업전략

Chapter 4 직업정보

학습 내용 목표 직업을 설정하고, 목표 직업과 관련된
다양한 직업정보를 탐색해 본다.

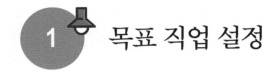

1 목표 직업 설정

1 합리적인 직업의사결정의 필요성

합리적인 의사결정이란 선택이 복잡한 의사결정 대안 가운데, 내가 왜 이 대안을 선택하여야만 하는지 선택의 기준을 만들어 판단근거를 평가하여 최선의 대안을 결정하는 것이다.

진로를 결정하는 것은 나의 미래를 결정하는 중요한 선택으로, 신중하고 합리적인 과정을 통해 이루어져야 한다. 물건을 살 때 이것저것 꼼꼼히 따져보듯이 진로를 정할 때도 가장 최선의 선택을 하기 위해서 합리적 의사결정 과정을 거치는 것이 필요하다.

합리적 의사결정 확인 작업을 통하여, 이미 진로를 정한 진로결정자의 경우, 그 결정이 잘된 것인지 확인하거나 명료화할 수 있다. 반면, 자신이 무엇을 해야 하는지 진로와 직업에 대해 탐색과 지식이 부족하거나, 진로와 직업에 대하여 관심이 없고 회피하는 경우에는 어떻게 진로결정을 하면 좋을지 생각하는 것이 좋은 로드맵이 될 수 있을 것이다.

2 브룸의 진로의사결정 이론

진로를 정하는 데 자신의 가치관, 흥미, 적성 등 개인의 내적 특성을 통해 자기이해를 충분히 하였다 하더라도, 직업이 요구하는 역량 수준 교육과 훈련을 받을 여건이 되지 않는다면, 진로를 정하는 데 실현가능성이 떨어진다. 진로심리학자 브룸(Broom, 1964)에 따르면, 의사결정을 할 때 유인가(특정한 결과에 대한 정서적 방향성, 선호경향)와 기대(선택이 현실화 될 수 있다는 믿음)가 작동을 하는데, 이때 유인가의 총합과 기대의 강도가 진로를 선택하게 만든다. 예를 들어, 나는 영어와 일어 외국어를 전공하여 통역일을 하기 적합한 능력과 환경을 가졌지만, 나는 통역가보다는 가수(유인가)가 되고 싶고, 음악에 소질이 전혀 없다면 가수에 대한 기대심리가 떨어져 진로 선택 시 고민하게 된다. 유인가와 기대가 모두 높을 때 진로 선택에 실질적인 노력을 더 하게 된다고 설명하고 있다. 즉, 진로 선택 시 진로 선택을 위한 노력을 얼마나 할 수 있는가도 살펴볼 요소이다.

쉬어가기

의사결정의 요소

❶ 선택행위

의사결정을 할 때는 대안이 한 가지밖에 없다면 고민하지 않는다.

여러 가지 행동 대안이 두 개 이상일 경우, 그 가운데 선택하는 행위를 갖는다.

진로와 취업을 결정하는 데 있어, 내가 염두하고 있는 직업들은 어떤 것들이 있는가?

❷ 의도성

의사결정을 할 때에는 그것을 왜 선택해야 하는지 정서적인 측면과 논리적인 측면을 의도적으로 따져보게 된다. 이 직업을 선택하는 것이 나에게 얼마나 이로운지에 대해 논리적인 계산뿐 아니라, 무의식적으로 잠재된 자신의 성향과 가치관이 함께 영향을 끼칠 수 있다. 위에 작성한 염두하고 있는 직업을 선택한 이유가 무엇인가?

❸ 목표지향성

의사결정을 할 때는 그 안에 원하고자 하는 욕구를 충족시켜 줄 목표가 존재하게 되고, 원하고자 하는 방향으로 행동이 따르게 된다. 만약 내가 가수가 되고 싶다면, 가수가 될 수 있는 방법과 재능에 대해 자연스레 관심 있는 분야에 대해 수집하게 된다. 위에 작성한 직업을 갖기 위해 구체적으로 세운 목표가 있는가?

2 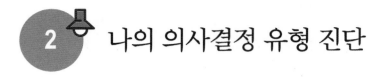 나의 의사결정 유형 진단

1 나의 의사결정 유형 TEST

번호	문 항	그렇다	아니다
1	나는 중요한 의사결정을 할 때 한 단계씩 체계적으로 한다.		
2	나는 내 자신의 욕구에 따라 매우 독특하게 의사결정을 한다.		
3	나는 얻을 수 있는 모든 정보를 수집하지 않고는 중요한 의사결정은 거의 하지 않는다.		
4	의사결정을 할 때 내 친구들이 나의 결정을 어떻게 생각할 것인지가 매우 중요하다.		
5	나는 의사결정을 할 때, 이 의사결정과 관련된 결과까지 고려한다.		
6	나는 다른 사람의 도움 없이는 중요한 의사결정을 하기 힘들다.		
7	나는 어려운 문제에 부딪치면 재빨리 결정을 내린다.		
8	나는 의사결정을 할 때, 내 자신의 즉각적인 느낌이나 감정에 따른다.		
9	나는 내가 하고 싶은 것보다 다른 사람이 어떻게 생각하느냐에 영향을 받아 의사결정을 한다.		
10	어떤 의사결정을 할 때 나는 시간을 갖고 주의 깊게 생각해본다.		
11	나는 문제의 본질에 대해 찰나적으로 떠오르는 생각에 의해 결정을 한다.		
12	나는 친한 친구에게 먼저 이야기하지 않고는 의사결정을 거의 하지 않는다.		
13	나는 중대한 의사결정 문제가 예상될 때, 그것을 계획하고 생각할 시간을 충분히 갖는다.		

번호	문 항	그렇다	아니다
14	나는 의사결정을 못한 채 뒤로 미루는 경우가 많다.		
15	의사결정하기 전에 올바른 사실을 알고 있나 확인하기 위해 관련 정보들을 다시 살펴본다.		
16	의사결정에 관해 실제로 생각하지는 않지만 갑자기 생각이 떠오르면서 무엇을 해야 할지를 알게 된다.		
17	어떤 중요한 일을 하기 전에 나는 신중하게 계획을 세운다.		
18	의사결정을 할 때 나는 다른 사람의 많은 격려와 지지를 필요로 한다.		
19	나는 의사결정을 할 때, 마음이 가장 끌리는 쪽으로 결정을 한다.		
20	나의 인기를 떨어뜨릴 의사결정은 별로 하고 싶지 않다.		
21	나는 의사결정을 할 때, 예감 또는 육감을 중요시한다.		
22	나는 조급하게 결정을 내리지 않는데, 그 이유는 올바른 의사결정임을 확신하고 싶기 때문이다.		
23	어떤 의사결정이 감정적으로 나에게 만족스러우면 나는 그 결정을 올바른 것으로 본다.		
24	올바른 의사결정을 할 수 있는 능력에 자신이 없기 때문에 주로 다른 사람의 의견에 따른다.		
25	종종 내가 내린 각각의 의사결정을 일정한 목표를 향한 진보의 단계들로 본다.		
26	내가 내리는 의사결정을 친구들이 지지해주지 않으면 그 결정에 대해 확신을 갖지 못한다.		
27	의사결정을 하기 전에, 나는 그 결정을 함으로써 생기는 결과에 대해 가능한 한 많이 알고 싶다.		
28	나는 '이것이다'라는 느낌에 의해 결정을 내릴 때가 종종 있다.		
29	대개의 경우 나는 주위 사람들이 바라는 방향으로 의사결정을 한다.		
30	여러 가지 정보를 수집하거나 검토하는 과정을 갖기보다, 떠오르는 생각대로 결정을 내리는 경우가 자주 있다.		

출처 한국고용정보원 CAP+프로그램

2 Harren. V. H.(1984)의 3가지 의사결정 유형

진로의사결정 유형은 Harren. V. H.[1984]이란 학자에 의해 널리 알려졌으며, 총 3가지 종류로서 합리적 유형, 직관적 유형, 의존형 유형으로 나뉠 수 있다.

합리적 유형

합리적 유형의 특징은 확장된 시간 조망 내에서 연속적인 결정들이 서로 관련되어 있음을 인식하며, 자신과 상황에 대하여 정확한 정보를 수집하고 신중하게 논리적으로 의사결정을 수행해 나가며 자기자신에 대한 과거 자료를 수집하고 분석한 뒤 진로를 결정한다. 정확하고 다양한 정보를 바탕으로 자신의 특징을 충분히 파악한 뒤 결정하며 그 결과에 책임을 지는 유형이다. 실수하거나 실패할 확률이 낮고 심리적 독립과 성장에 도움된다. 하지만 의사결정하는 시간이 오래 걸릴 수 있고, 지나치게 신중할 경우 기회를 놓친다.

직관적 유형

직관적 유형의 특징은 자기 자신에 대한 과거 자료보다 직관을 주로 사용한다. 자신이 좋아하는 것을 잘할 수 있다는 믿음을 가지고 직업을 결정하고 책임을 진다. 의사결정에 대한 책임을 받아들이지만 미래를 별로 고려하지 않고 정보탐색 활동이나 대안들에 대한 논리적인 평가 과정도 거의 갖지 않는다. 의사결정의 기초로써 상상을 사용하고 현재의 감정에 주의를 기울이며 정서적 자각을 사용한다. 그래서 즉흥적이고 감정적으로 결정하는 경우가 많다. 빠르게 의사결정할 수 있고 돌발상황에도 순발력 있게 대처하는 데 유리하다. 하지만 일관성을 요구하거나 장기적인 일에 적합하지 않으며, 평소 실수하거나 실패할 확률이 많다.

의존적 유형

의존적 유형의 특징은 다른 사람의 이야기를 듣고 결정하는 경향이 많다. 자신의 결정이 확신이 서지 않기 때문에 주변사람들이 어떻게 이야기를 해주느냐에 따라 영향을 많이 받는다. 합리적, 직관적 유형과는 다르게 의사결정에 대한 개인적인 책임을 부정하고 그 책임을 자신 이외의 가족이나 친구, 동료 등 외부로 투사하려는 경향이 있다. 의사결정 과정에서 타인의 영향을 많이 받으며 수동적이고 사회적 인정에 대한 욕구가 높다. 사소한 일이나 모르는 문제를 결정할 때 적합하다. 실패했을 때 타인을 탓할 가능성이 많고 남의 눈치를 보기 때문에 소신 있게 일을 처리하지 못할 가능성이 많다.

상황과 대상에 따라 의사결정 유형은 달라질 수 있다. 하지만 진로의사결정처럼 인생에 중요한 영향을 미치는 일에는 다양한 정보를 수집하고 나에게 어떤 직업이 현실적이면서 만족감을 느낄 수 있는지 고려해 합리적인 의사결정을 취한다면 비교적 후회가 덜할 것이다.

쉬어가기

진로의사결정 모형

진로의사결정 모형으로 대표적으로 자니스와 만(Janis & Mann, 1977)의 갈등모형이 있다. 진로의사결정에 대한 설명에 초점을 둔 기술적 모형으로, 갈등 없는 의사결정은 존재하기 어려우며, 선택의 상황에서 불확실성으로 인해 정서적 혼란과 갈등을 겪는다는 이론이다. 의사결정 시, 이것을 해야 할 것인지(수용), 이것을 하지 말아야 할 것인지(거부) 갈등이 항상 존재한다는 가정하에 만들어진 이 모형은 후회와 갈등을 줄이기 위해 사전에 가능한 대안을 충분히 살펴보아 최선의 결정을 하기 위해 노력해야 한다는 것을 시사한다. 모든 의사결정에는 갈등이 따르지만 그 갈등으로 인한 스트레스를 극복하고 합리적인 대안을 찾을 수 있다는 긍정적인 마인드로 선택하는 훈련을 해보자.

3 합리적인 의사결정 프로세스

① 의사결정 대상을 정한다(어떤 직업을 가지면 좋을까).
② 관련 정보를 최대한 체계적으로 수집한다(직업 관련 정보).
③ 복수 대안을 도출한다(도전직업, 희망직업, 안정직업 등).
④ 판단 근거에 따라 비교, 분석(다양한 각도에서 탐색)한다.
⑤ 대안의 결과를 예측하고, 자신의 가치관에 부합되는 것을 선택한다.
⑥ 그 대안을 실천한다.
⑦ 실천에 옮기지 못하거나 실천결과가 좋지 않을 경우, 다시 적합성을 평가하고 위의 순서대로 질문한다.

워크시트

목표 직업 설정 훈련

미래 나의 직업 후보를 3가지 설정한다. 내가 염두하고 있는 직업이 없다면, 앞서 진로심리테스트 결과 추천해준 직업이나 주변에서 추천하는 직업을 채워 넣어도 좋다.

그 다음 내가 생각하는 좋은 직업의 조건을 작성해 보자. 직업을 가졌을 때 만족을 가질 수 있는 요소들을 쓰고, 판단 근거별로 가중치를 정한다. 대안별 합산을 통해 의사결정안을 도출한다.

직업선택 기준 예시

미래에 유망한가	사회적으로 지위가 있는가
내가 원하는 가치관과 일치하는가	사회적으로 인정을 받는가
내가 할 수 있는 일인가	경제적으로 보상이 충분한가
자긍심을 가질 수 있는가	정년, 안정성이 보장되는가
나의 비전을 구현할 수 있는가	가족과 함께 보낼 시간이 있는가
하면 재미, 흥미를 느낄까	소득수준이 꾸준히 증가하는가
신변의 안전을 보장받는가	작업환경이 좋은가
사회적으로 봉사할 수 있는가	복지수준이 좋은가
충분한 여가와 자유를 보장받는가	근무시간, 퇴근시간 규칙성이 있는가
부모님이 좋아하실까	근무시간과 여가시간이 보장되는가 등

워크시트

내가 생각하는 좋은 직업의 조건	직업1	직업2	직업3
합계	총 점수:	총 점수:	총 점수:

나는 앞으로 (   )년 후에 _____직업을 갖겠다.

쉬어가기

목표 설정의 중요성

미국 예일대학에서 1953년에 졸업을 앞두고 있는 학생들을 대상으로 목표에 대한 질문을 했다. 응답자의 87%가 목표 설정을 전혀 하지 않았다고 답했으며, 10%는 대략적으로 목표를 세웠다고 응답했다. 반면에 목표와 목표를 달성하기 위한 행동계획을 종이에 적으며 고민했다고 응답한 학생은 3%에 불과했다.

예일대학은 이 졸업생들이 20년 후 어떻게 살고 있는지 추적해보았고, 결과는 놀라웠다. 직업, 재정상태 등 모든 면에서 목표와 행동계획을 구체적으로 설정한 3%의 학생들이 다른 97%의 학생들을 모두 합한 것보다 훨씬 더 큰 성장을 이룬 것이다.

1979년 하버드 경영대학원 졸업생들을 상대로 한 설문조사도 이와 비슷한 결과가 나타났다. 하버드 대학에서는 다음과 같은 세 가지 질문을 졸업생들에게 던졌다. "장래에 대한 명확한 목표를 설정했는가? 목표를 기록해 두었는가? 목표를 달성하기 위한 구체적인 행동계획이 있는가?"

응답 결과를 보면 특별한 목표가 없다는 A그룹은 84%, 목표는 있지만 그것을 종이에 적어두지는 않았다는 B그룹은 13%, 목표를 구체적으로 설정하고 기록해두었다는 C그룹은 3%에 불과했다.

예일대와 마찬가지로 하버드 경영대학에서도 10년 후 졸업생이 어떻게 살고 있는지 추적, 조사해 보았고, 결과는 다음과 같이 나타났다. 목표는 있지만 그것을 적어두지 않은 B그룹이 특별한 목표가 없는 A그룹에 비해 소득이 평균 2배 이상 높았다. 또한, 목표를 구체적으로 설정하고, 그것을 기록해 두었던 C그룹은 목표만 있었던 B그룹에에 비해 소득이 10배 이상 높았다. 이처럼 구체적으로 목표를 설정하고, 그것을 눈으로 확인할 수 있도록 메모하거나 그려보는 것은 매우 중요하다.

매일경제신문 이승한기자 내용 중

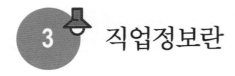

3 직업정보란

급변하는 채용시장과 취업경쟁에서 직업정보는 중요하다. 직업정보란 주요 업무, 하는 일, 직업특성, 필요적성, 필요능력, 직업을 갖기 위해 필요한 교육이나 훈련, 처우, 전망 등 직업과 관련된 다양한 정보를 말한다.

가령 내가 알고 있는 직업정보가 잘못되었다면? 예를 들어, 항공기승무원이 되고 싶다고 치자. 항공기승무원은 어떤 직업인지, 보수는 어느 정도인지, 얼마나 안정적인지 등 주변 소문이나 인터넷 사이트에서 정보를 입수했지만, 그 정보들이 잘못된 정보들이라면 취업준비과정에서 예상치 못한 어려움을 겪을 수 있다. 항공기승무원에 취업을 하였다 하더라도 내가 기대하고 예상했던 정보와 괴리가 커서 일에 대한 만족감을 덜 느낄수 있다. 따라서 공신력 있는 다양한 정보를 수집하였을 때, 취업실패 확률을 줄일 수있다. 막연하고 피상적 이미지로만 알고 있던 직업에 대해 구체적으로 탐색할 필요성이있다.

4 직업정보 탐색 방법

1. 인쇄매체를 통한 탐색

▶ **한국직업사전**(한국고용정보원 발행, 직업명칭, 개요, 직무기술에 초점을 둔 사전)

우리나라의 산업과 직업을 분류하고 그와 관련된 정보를 제시한 책이다. 한국고용정보원
이 현장직무조사를 실시하여 제작한 직업정보에 관한 저서로서, 매년 4~6개 정도의 산업
을 조사대상으로 선정하여 매년 발간한다. 직업정보에 대한 데이터베이스로서 직업의 특
성과 변화를 알아볼 수 있는 장점이 있으며, 빠르게 변화하는 현대시대에 변동되거나 소멸
되는 직업들을 체계적으로 조사하고 직업명을 표준화하였다. 직업분류는 한국표준직업분
류를 기준으로 표기하였다. 수록되어 있는 내용은 크게 다섯 가지 체계적 형식, 즉 직업코
드, 본 직업 명칭, 직무개요, 수행직무, 부가 직업정보 등이다.

▶ **한국직업전망서**(대표직업 16개, 직업군 186개 직업, 근무환경, 적성, 흥미 등 수록)

2. 인터넷을 통한 탐색

공공사이트

워크넷 **www.work.go.kr**
커리어넷 **www.careernet.re.kr**
청년고용 포털사이트 **jobyoung.work.go.kr**
중소기업 전문 취업 포털 **www.ibkjob.co.kr**

민간사이트

인쿠르트 **www.incruit.com**
리쿠르트 **www.recruit.co.kr**
잡코리아 **www.jobkorea.co.kr**
사람인 **www.saramin.co.kr**
스카우트 **www.scout.co.kr**
유니코서치 **www.unicosearch.com**
㈜헤드헌트코리아 **www.headhuntkorea.com**

3. 미디어를 통한 탐색

직업방송, 직업소개 동영상, 영화, 다큐멘터리, 유튜브 등

4. 면담을 통한 탐색

▶ 직업인 탐방
▶ 경력개발센터, 고용센터 등의 직업상담원 방문
▶ 인사관리자를 직접 방문하는 방법 등

5. 현장 활용

▶ 취업박람회 참여
▶ 전시회 참여

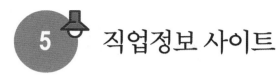

5 직업정보 사이트

1 분야별 직업정보 사이트

일반사무직(회계/사무)분야

> ▶ 어카운팅피플: 회계, 재무, 세무, 경리 분야 특화 취업 사이트

정보통신분야

> ▶ 게임잡: 컴퓨터 게임, 애니메이션 관련 취업 사이트
> ▶ PJOB: 프로그래머 전문 아웃소싱업체
> ▶ E랜서닷컴: 프리랜서를 위한 각종 인터넷 프로젝트 정보제공

외국계/해외분야

> ▶ 월드잡: 한국산업인력공단 해외 취업 사이트, 채용정보, 연수 정보제공
> ▶ 차이나통: 중국관련 구인구직 사이트
> ▶ 피플앤잡: 외국기업 취업전문 사이트

종합 직업정보 사이트

> ▶ 워크넷
> ▶ 국가직무능력표준(NCS)
> ▶ 한국직업능력개발원
> ▶ 한국산업인력공단
> ▶ 위민넷

2 워크넷 직업정보 활용하기

'워크넷'은 국내 유용한 직업정보들을 자세하게 살펴볼 수 있는 사이트다. 대표적인 직업들의 직업특성별로 요구되는 지식이나 기술, 성향 등 파악할 수 있는 개괄적인 정보가 담겨져 있다. 예를 들어, 내가 항공기승무원이 되고 싶어서 항공기승무원 직업정보를 워크넷에서 입수하고자 한다면, 워크넷에 진로·직업 부분으로 접속한 뒤 '한국직업정보 검색'을 누르면 한국직업정보 시스템이 나온다. 아래와 같은 직업과 관련된 정보를 얻을 수 있다.

1
단계

▶ 인터넷에서 워크넷(www.work.go.kr)을 검색해 사이트에 들어간다.

2
단계

▶ 상단 왼쪽 '**직업·진로**'란을 클릭한다. 한국직업정보시스템 화면이 나오며, 검색하고 싶은 직업정보를 키워드 직종 또는 조건별 검색, 분류별 검색을 통해 확인할 수 있다.

3
단계

▶ 궁금한 직업정보 확인하기(필요기술, 일자리 전망). 궁금한 직업과 관련된 정보를 확인한다. 예를 들어 승무원 직업정보를 확인하고 싶다면, 승무원이 되기 위한 기술과 지식이 무엇이며, 앞으로의 전망과 관련 직업 등 신뢰할 수 있는 요약된 정보를 확인할 수 있다.

4 단계

▶ 자세한 직업정보 확인하기.
(하는 일, 교육, 훈련, 자격, 임금, 직업만족도, 능력, 지식, 환경, 성격, 흥미, 가치관)

요약하기	하는 일	교육/자격/훈련	임금/직업만족도/전망	능력/지식/환경	성격/흥미/가치관

하는일	항공기 여객의 편의와 안전을 도모하기 위해 각종 서비스를 제공한다. 객실승무원의 활동을 감독하는 객실사무장도 여기에 포함된다.		
교육/자격/훈련	**관련학과** 기타 아시아어·문학과 기타 유럽어·문학과 독일어·문학과 러시아어·문학과 스페인어·문학과 ▼	**관련자격** 자료가 존재하지 않습니다.	**훈련정보** 항공기 객실승무원
임금/직업만족도/전망	**임금** 하위(25%) 3,244만원 평균 4,222만원 상위(25%) 4,781만원	**직업만족도** 50%	**전망** 증가 (6%) 현상유지 (30%) 감소 (63%)
능력/지식/환경	**업무수행능력** 서비스 지향(95) 행동조정(85) 기억력(85) 말하기(83) 인적자원 관리(82)	**지식** 영어(99) 의료(98) 안전과 보안(97) 지리(93) 사회와 인류(93)	**환경** 방사선 노출(100) 고지대작업(100) 비좁은 업무공간(100) 질병, 병균 노출(99) 걷거나 뛰기(99)
성격/흥미/가치관	**성격** 혁신(35) 리더십(19) 분석적 사고(15) 정직성(1) 적응성/융통성(0)	**흥미** 사회형(Social)(100) 진취형(Enterprising)(83)	**가치관** 이타(98) 고용안정(83) 심신의 안녕(67) 경제적 보상(66) 지적 추구(63)
일자리 현황	항공기 객실승무원		
관련직업	여행상품개발자　여행사무원 관광통역안내원　자연환경안내원	여행안내원 선박객실승무원	투어컨덕터(해외여행인솔자) 열차객실승무원

워크시트

희망 직업정보 수집하기

1. 직업인과 인터뷰

2. 관련된 책

3. 신문, 잡지, 방송매체

한국직업정보시스템 www.work.go.kr/jobMain.do	한국고용정보원 개발, 직업정보, 직업선택, 진로상담 및 취업 지원 제공
커리어넷 www.career.go.kr	교육부 제공 진로정보망, 직업 및 학과 정보, 진로상담, 진로심리검사, 진로동영상, 진로교육자료 수록
고용노동부HRD-net www.hrd.go.kr	근로자 직무능력 향상훈련, 기업체 지원훈련, 이러닝강의, 전국 훈련 기관

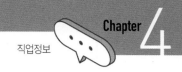

직업분류를 통한 탐색

관리자	공공기관 및 기업고위직 행정·경영 지원 및 마케팅 관리직 전문 서비스 관리직 건설·전기 및 생산 관련 관리직 판매 및 고객 서비스 관리직
전문가 및 관련 종사자	과학전문가 및 관련직 정보통신전문가 및 기술직 공학전문가 및 기술직 보건·사회복지 및 종교 관련직 교육전문가 및 관련직 법률 및 행정 전문직 경영·금융전문가 및 관련직 문화·예술·스포츠 전문가 및 관련직
사무종사자	경영 및 회계 관련 사무직 금융사무직 법률 및 감사 사무직 상담·안내·통계 및 기타 사무직
판매종사자	영업직 매장판매 및 상품대여직 통신 및 방문·노점판매 관련직
농어업숙련종사자	곡물·작물 재배원 조경원 어부 해녀
농·축산숙련직	가축사육종사원, 과수작물 재배자
임업숙련직	벌목원
어업숙련직	양식원
기능원 밀 관련 기능종사자	식품가공 관련 기능직 섬유·의복 및 가죽 관련 기능직 목재·가구·악기 및 간판 관련 기능직 금속성형 관련 기능직 운송 및 기계 관련 기능직 전기 및 전자 관련 기능직 정보통신 및 방송장비 관련 기능직 건설 및 채굴 관련 기능직

장치기계조작 및 조립 종사자	식품가공 관련 기계조작직 섬유 및 신발 관련 기계조작직 화학 관련 기계조작직 금속 및 비금속 관련 기계조작직 기계 제조 및 관련 기계조작직 전기 및 전자 관련 기계조작직 운전 및 운송 관련직 상하수도 및 재활용 처리 관련 기계조작직 목재 인쇄 및 기타 기계조작직
단순노무종사자	건설 및 광업 관련 단순노무직 운송 관련 단순노무직 제조 관련 단순노무직 청소 및 경비 관련 단순노무직 가사·음식 및 판매 관련 단순노무직 농림 어업 및 기타 서비스 단순노무직
군인	

워크넷 한국직업정보시스템 직업 분류별 직업종류

관리 · 경영 · 금융 · 보험

▌관리직

- **의회의원·고위공무원 및 공공단체임원**
  - 행정부고위공무원
  - 지방의회의원
  - 국회의원

- **정부행정 관리자**
  - 정부행정 관리자

- **부동산, 조사, 인력알선 및 그외 전문서비스 관리자**
  - 시장 및 여론조사 관리자
  - 부동산 및 임대업 관리자

- **보건의료관련 관리자**
  - 보건의료관련 관리자

- **건설 및 광업관련 관리자**
  - 건설 및 광업관련 관리자

- **정보통신관련 관리자**
  - 정보통신관련 관리자

- **음식서비스관련 관리자**
  - 레스토랑지배인

- **기업고위임원**
  - 기업고위임원(CEO)

- **행정 및 경영지원 관련 서비스 관리자**
  - 행정 및 경영지원 관련 서비스 관리자

- **교육 관리자**
  - 유치원 원장 및 원감
  - 대학교 총장 및 대학 학장
  - 중고등학교 교장 및 교감
  - 초등학교 교장 및 교감

- **사회복지관련 관리자**
  - 사회복지관련 관리자

- **제품 생산관련 관리자**
  - 제품 생산관련 관리자

- **영업 및 판매 관리자**
  - 영업 및 판매 관리자

- **숙박·여행·오락 및 스포츠 관련 관리자**
  - 호텔관리자
  - 여행관련 관리자

- **경영지원 관리자**
  - 재무관리자
  - 기획·홍보 및 광고관리자
  - 총무 및 인사관리자

- **금융 및 보험 관리자**
  - 금융관리자
  - 보험관리자

- **연구관리자**
  - 연구관리자

- **법률·경찰·소방 및 교도 관리자**
  - 경찰관리자
  - 교도관리자
  - 소방관리자

- **문화,예술,디자인 및 영상관련 관리자**
  - 영화제작자
  - 공연제작관리자
  - 방송제작관리자
  - 신문제작관리자
  - 박물관장
  - 미술관장
  - 도서관장

- **전기,가스 및 수도 관련 관리자**
  - 전기·가스 및 수도 관련 관리자

- **운송관련 관리자**
  - 운송관련 관리자

- **환경·청소 및 경비 관련 관리자**
  - 환경·청소 및 경비관련 관리자

- **정부 및 공공 행정 전문가**
  - 외교관

▌경영·회계·사무관련직

- **인사 및 노사 관련 전문가**
  - 노무사
  - 인적자원전문가

- **관세사**
  - 관세사

- **경영 및 진단 전문가**
  - 경영컨설턴트
  - 창업컨설턴트
  - 품질인증심사전문가
  - 기업인수합병전문가(M&A전문가)

- **감정평가사 및 감정사**
  - 감정평가사
  - 음식료품감정사
  - 문화재감정평가사
  - 보석감정사

- **정부 및 공공 행정 전문가**
  - 정부정책기획전문가

- **회계사**
  - 회계사

- **세무사**
  - 세무사

- **광고 및 홍보전문가**
  - 광고기획자

- **상품기획 전문가**
  - 상품기획자
  - 카테고리매니저
  - 마케팅전문가
  - 스포츠마케터

- **조사 전문가**
  - 마케팅조사전문가
  - 사회조사전문가

- **행사기획자**
  - 행사기획자
  - 파티플래너
  - 공연기획자
  - 회의기획자

- **기획 및 마케팅 사무원**
  - 경영기획사무원
  - 분양 및 임대 사무원
  - 영업관리사무원
  - 광고 및 홍보 사무원
  - 마케팅사무원

- **인사 및 교육·훈련 사무원**
  - 인사 및 노무사무원
  - 교육 및 훈련사무원

- **총무사무원**
  - 총무사무원
  - 교육행정사무원
  - 병원행정사무원

- **조세행정사무원**
  - 조세행정사무원

- **관세행정사무원**
  - 관세행정사무원

- **병무행정사무원**
  - 병무행정사무원

- **국가·지방 및 공공행정 사무원**
  - 행정공무원
  - 출입국심사관
  - 법원공무원
  - 입법공무원

- **자재관리사무원**
  - 자재관리사무원

- **생산 및 품질 관리사무원**
  - 생산관리사무원
  - 품질관리사무원

▌금융·보험관련직

- **투자 및 신용 분석가**
  - 투자분석가(애널리스트)
  - 신용분석가

- **자산 운용가(펀드매니저)**
  - 금융자산운용가
  - 부동산펀드매니저

- **보험 및 금융 상품 개발자**
  - 보험계리사
  - 금융상품개발원

- **증권 및 외환 딜러**
  - 증권중개인
  - 외환딜러
  - 선물거래중개인

- **손해사정인**
  - 손해사정사

- **기타 금융 및 보험 관련 전문가**
  - 투자인수심사원(투자언더라이터)
  - 보험인수심사원
  - 리스크매니저

- **금융관련 사무원**
  - 금융관련 사무원

- **보험 심사원 및 사무원**
  - 보험사무원

- **출납창구사무원**
  - 출납창구사무원

- **신용추심원**
  - 신용추심원

- **보험 설계사 및 간접투자증권 판매인**
  - 보험대리인 및 중개인
  - 보험설계사

교육·연구·법률·보건

▌교육및자연과학·사회과학연구관련직

- **대학교수**
  - 인문계열교수
  - 예체능계열교수
  - 의약계열교수
  - 교육계열교수
  - 공학계열교수
  - 자연계열교수
  - 사회계열교수

- **대학 시간강사**
  - 대학시간강사

- **대학 교육조교**
  - 대학교육조교

- **장학관·연구관 및 교육 관련 전문가**
  - 장학사
  - 이러닝교수설계자
  - 교재 및 교구 개발자
  - 입학사정관

- **자연과학 연구원**
  - 물리학연구원
  - 빅데이터전문가(SNS분석가)
  - 기후변화전문가
  - 천문 및 기상학 연구원
  - 지질학연구원
  - 생물학연구원
  - 수학 및 통계 연구원
  - 화학연구원

- **생명과학 연구원**
  - 생명정보학자
  - 수산학연구원
  - 임학연구원
  - 축산 및 수의학 연구원
  - 농학연구원
  - 약학연구원
  - 의학연구원

- **인문과학 연구원**
  - 철학연구원
  - 심리학연구원
  - 교육학연구원
  - 언어학연구원
  - 역사학연구원

- **자연과학시험원**
  - 자연과학시험원

- **사회과학 연구원**
  - 정치학연구원
  - 법학연구원
  - 행정학연구원
  - 지리학연구원
  - 사회학연구원
  - 경제학연구원

- **생명과학시험원**
  - 생명과학시험원
  - 공항검역관

- **농림어업관련 시험원**
  - 농림어업관련 시험원

- **중·고등학교 교사**
  - 국어교사
  - 체육교사
  - 미술교사
  - 음악교사
  - 외국어교사
  - 실업교사
  - 진로진학상담교사
  - 과학교사
  - 사회교사
  - 수학교사

- **초등학교교사**
  - 초등학교교사

- **특수학교교사**
  - 특수학교교사

- **보조교사 및 기타교사**
  - 보조교사

- **유치원교사**
  - 유치원교사

- **문리 및 어학 강사**
  - 문리학원강사
  - 다문화언어지도사
  - 한국어강사
  - 외국어학원강사

- **컴퓨터강사**
  - 컴퓨터강사

- **기술 및 기능계 강사**
  - 디자인강사
  - 건설분야 기술기능계 강사
  - 제조분야 기술기능계 강사
  - 자동차운전강사
  - 요리강사
  - 이미용강사

- **예능강사**
  - 예능강사

- **학습지 및 방문 교사**
  - 학습지 및 방문 교사

- **기타 문리·기술 및 예능 강사**
  - 방과후교사

- **식품공학 기술자 및 연구원**
  - 식품학연구원

- **환경공학 기술자 및 연구원**
  - 환경 및 해양과학 연구원

▌법률·경찰·소방·교도관련직

- **감사사무원**
  - 감사사무원

- **판사 및 검사**
  - 판사
  - 검사

- **변호사**
  - 변호사

- **법무사 및 집행관**
  - 법무사

- **변리사**
  - 변리사

- **법률관련 사무원**
  - 법률관련 사무원(법무 및 특허사무원)
  - 저작권에이전트

- **경찰관**
  - 경찰관
  - 사이버수사요원
  - 검찰수사관
  - 해양경찰관

- **소방관**
  - 소방관

- **소년보호관 및 교도관**
  - 교도관
  - 소년원학교교사

▌보건·의료관련직

- **전문 의사**
  - 내과의사
  - 가정의학과의사
  - 피부과의사
  - 비뇨기과의사
  - 마취병리과의사
  - 방사선과의사
  - 소아과의사
  - 정신과의사
  - 안과의사
  - 이비인후과의사
  - 산부인과의사
  - 성형외과의사
  - 외과의사

- **일반의사**
  - 일반의사

- **치과의사**
  - 치과의사

- **약사 및 한약사**
  - 약사
  - 한약사

- **한의사**
  - 한의사

- **수의사**
  - 수의사

- **간호사**
  - 간호사
  - 수술실간호사
  - 가정전문간호사
  - 산업전문간호사
  - 호스피스전문간호사
  - 감염관리전문간호사
  - 보건교사

- **치과위생사**
  - 치과위생사

- **물리 및 작업 치료사**
  - 물리치료사
  - 작업치료사

- **임상심리사 및 기타 치료사**
  - 임상심리사
  - 웃음치료사
  - 향기치료사(아로마테라피스트)
  - 청능사(청능치료사)
  - 예술치료사
  - 놀이치료사
  - 언어치료사
  - 중독치료사

- **임상병리사**
  - 임상병리사

- **치과기공사**
  - 치과기공사

- **안경사**
  - 안경사

- **위생사**
  - 위생사

- **응급구조사**
  - 응급구조사
  - 인명구조원

- **방사선사**
  - 방사선사

- **의지보조기기사**
  - 의지보조기기사

- **안마사**
  - 안마사

- **영양사**
  - 영양사

- **간호조무사**
  - 간호조무사

- **간병인**
  - 간병인

- **의무기록사**
  - 의무기록사

- **기타 의료복지 관련 서비스 종사원**
  - 의료코디네이터
  - 임상연구코디네이터
  - 의료관광코디네이터

- **기타 전기·전자기기 설치 및 수리원**
  - 의료장비기사

사회복지 · 문화 · 예술 · 방송

▌사회복지 및 종교관련직

- **사회복지사**
  - 사회복지사
  - 정신보건사회복지사

- **상담전문가 및 청소년지도사**
  - 상담전문가
  - 청소년지도사

- **직업상담사 및 취업알선원**
  - 직업상담사
  - 전직지원전문가
  - 취업지원관
  - 커리어코치
  - 취업알선원

- **사회단체활동가**
  - 사회단체활동가

- **보육교사**
  - 보육교사 및 보육사

- **기타 사회복지관련 종사원**
  - 복지시설생활지도원

- **성직자**
  - 목사
  - 교무(원불교)
  - 승려
  - 신부

- **기타 종교관련 종사자**
  - 전도사
  - 수녀

- **기타 예식관련 서비스 종사원**
  - 민속종교종사자(점술가·무당 등)

▌문화·예술·디자인·방송관련직

- **도서정리 및 속기사**
  - 출판물편집자

- **작가 및 관련 전문가**
  - 시인
  - 게임시나리오작가
  - 평론가
  - 방송작가
  - 작사가
  - 카피라이터
  - 영화시나리오작가
  - 소설가

- **번역가**
  - 번역가

- **통역가**
  - 통역가

- **출판물기획자**
  - 출판물기획자

- **큐레이터 및 문화재 보존원**
  - 학예사(큐레이터)
  - 아트컨설턴트
  - 문화재보존원

- **사서 및 기록물관리사**
  - 사서
  - 기록물 관리사

- **기자 및 논설위원**
  - 잡지기자
  - 해설위원
  - 편집기자
  - 방송기자
  - 신문기자

- **화가 및 조각가**
  - 조각가
  - 화가
  - 서예가

- **사진작가 및 사진사**
  - 사진기자
  - 사진작가

- **만화가 및 만화영화 작가**
  - 만화가
  - 애니메이터

- **국악 및 전통예능인**
  - 전통예능인
  - 국악인

- **지휘자·작곡가 및 연주가**
  - 지휘자
  - 연주가
  - 작곡가

- **가수 및 성악가**
  - 성악가
  - 가수

- **무용가 및 안무가**
  - 무용가
  - 대중무용수(백댄서)
  - 안무가

- **제품 디자이너**
  - 가구디자이너
  - 조명디자이너
  - 휴대폰디자이너
  - 팬시 및 완구 디자이너
  - 자동차디자이너

- **패션 디자이너**
  - 주얼리디자이너
  - 직물디자이너(텍스타일디자이너)
  - 속옷디자이너
  - 패션디자이너
  - 신발디자이너
  - 가방디자이너

- **실내장식 디자이너**
  - 디스플레이어
  - 무대 및 세트 디자이너
  - 인테리어디자이너
  - 비주얼 머천다이저(VMD)

- **시각 디자이너**
  - 광고디자이너
  - 북디자이너
  - 피오피(POP)디자이너
  - 컬러리스트
  - 캐릭터디자이너
  - 포장디자이너
  - 일러스트레이터

- **웹 및 멀티미디어 디자이너**
  - 웹디자이너
  - 영상그래픽디자이너
  - 게임그래픽디자이너

- **캐드원**
  - 캐드원
  - 건축 및 토목 캐드원

- **감독 및 기술감독**
  - 영화감독
  - 연극·영화 및 방송기술 감독
  - 음반기획자
  - 광고제작감독(CF감독)
  - 연극연출가
  - 방송연출가

- **배우 및 모델**
  - 성우
  - 보조출연자
  - 스턴트맨(대역배우)
  - 개그맨 및 코미디언
  - 영화배우 및 탤런트
  - 연극배우
  - 모델

- **아나운서 및 리포터**
  - 경주아나운서
  - 디스크자키(DJ)
  - 비디오자키(VJ)
  - 기상캐스터
  - 리포터
  - 연예프로그램진행자
  - 쇼핑호스트
  - 아나운서

- **촬영기사**
  - 촬영기자
  - 촬영기사

- **음향 및 녹음 기사**
  - 음향 및 녹음 기사

- **영상·녹화 및 편집기사**
  - 영상·녹화 및 편집기사

- **조명기사 및 영사기사**
  - 조명기사
  - 영사기사

- **기타 연극·영화 및 영상 관련 종사자**
  - 무대의상관리원
  - 소품관리원

- **연예인 및 스포츠 매니저**
  - 연예인매니저

- **마술사 및 기타 문화·예술 관련 종사자**
  - 아쿠아리스트
  - 마술사

- **기타 미용관련 서비스 종사원**
  - 패션코디네이터

- **웹 및 멀티미디어 기획자**
  - 웹방송전문가

- **공예원**
  - 플로리스트

▮ 운전 및 운송관련직

- **운송 사무원**
  - 선박운항관리사
  - 항공운항관리사

- **항공기조종사**
  - 항공기조종사
  - 헬리콥터조종사

- **선장·항해사 및 도선사**
  - 선장 및 항해사
  - 선박기관사
  - 도선사

- **관제사**
  - 항공교통관제사
  - 철도교통관제사
  - 선박교통관제사

- **철도 및 전동차기관사**
  - 철도 및 전동차기관사

- **화물열차 차장 및 관련 종사원**
  - 항공기유도원(마샬러)
  - 신호원 및 수송원

- **화물차 및 특수차 운전원**
  - 소형트럭운전원
  - 특수차운전원
  - 대형트럭운전원

- **택시운전원**
  - 택시운전원

- **기타 자동차 운전원**
  - 자가용운전원

- **버스운전원**
  - 버스운전원

- **물품이동 장비 조작원**
  - 크레인 및 호이스트 운전원
  - 지게차운전원

- **택배원**
  - 택배원

- **우편물집배원**
  - 우편물집배원

- **선박 갑판원 및 관련 종사원**
  - 선박갑판원
  - 선박기관원

- **하역 및 적재 단순종사원**
  - 하역 및 적재 단순종사원

- **전기공학 기술자 및 연구원**
  - 전기감리기술자

▌ 영업 및 판매 관련직

· 상품기획 전문가
- 구매인(바이어)

· 기술 영업원
- 산업용 기계장비기술영업원
- 자동차부품기술영업원
- 농업용 기계장비기술영업원
- 의료장비기술영업원
- 전자통신장비기술영업원

· 해외영업원
- 해외영업원

· 자동차영업원
- 자동차영업원

· 일반 영업원
- 의약품영업원
- 체인점모집 및 관리 영업원
- 식품영업원
- 인쇄 및 광고 영업원
- 건축자재영업원

· 상품중개인 및 경매사
- 상품중개인 및 경매사
- 선박중개인(용선중개인)

· 부동산 컨설턴트 및 중개인
- 부동산중개인
- 부동산컨설턴트

· 상점판매원
- 상점판매원
- 면세상품판매원
- 편의점수퍼바이저

· 통신서비스판매원
- 통신서비스판매원

· 인터넷판매원
- 인터넷판매원

· 텔레마케터(전화통신판매원)
- 텔레마케터(전화통신판매원)

· 상품대여원
- 상품대여원

· 매장계산원 및 요금정산원
- 매장계산원

· 매표원 및 복권판매원
- 매표원 및 복권판매원

· 노점 및 이동 판매원
- 노점 및 이동 판매원

· 방문판매원
- 방문판매원

· 주유원
- 주유원

· 홍보도우미 및 판촉원
- 홍보도우미 및 판촉원

· 기타 판매관련 단순 종사원
- 매장정리원

▌ 경비 및 청소 관련직

· 육아도우미
- 육아도우미(베이비시터)

· 경호원
- 경호원

· 청원경찰
- 청원경찰

· 무인경비원
- 무인경비원

· 경비원
- 경비원

· 청소원
- 청소원
- 호텔객실청소원

· 환경 미화원 및 재활용품 수거원
- 재활용품수거원

· 구두미화원
- 구두미화원

· 가사도우미
- 가사도우미

· 세탁원 및 다림질원
- 세탁원

· 계기 검침원 및 가스 점검원
- 계기검침원

· 수금원
- 수금원

· 주차관리원 및 안내원
- 주차관리원 및 안내원

· 검표원
- 검표원

미용·숙박·여행·스포츠·음식

▌미용·숙박·여행·오락·스포츠관련직

- **이용사**
  - 이용사

- **미용사**
  - 미용사

- **피부미용 및 체형관리사**
  - 피부관리사
  - 목욕관리사
  - 네일아티스트
  - 다이어트프로그래머

- **메이크업 아티스트 및 분장사**
  - 분장사
  - 특수분장사
  - 메이크업아티스트

- **애완동물미용사**
  - 애완동물미용사

- **기타 미용관련 서비스 종사원**
  - 이미지컨설턴트
  - 퍼스널쇼퍼
  - 패션어드바이저

- **결혼상담원 및 웨딩플래너**
  - 결혼상담원
  - 웨딩플래너

- **혼례종사원**
  - 혼례종사원

- **장례상담원 및 장례지도사**
  - 장례지도사

- **여행상품개발자**
  - 여행상품개발자

- **여행 사무원**
  - 여행사무원

- **여행 및 관광통역 안내원**
  - 여행안내원
  - 투어컨덕터(해외여행인솔자)
  - 자연환경안내원
  - 관광통역안내원

- **항공기 객실승무원**
  - 항공기객실승무원

- **선박 및 열차 객실승무원**
  - 선박객실승무원
  - 열차객실승무원

- **숙박시설 서비스원**
  - 숙박시설서비스원
  - 호텔컨시어지

- **오락시설 서비스원**
  - 놀이시설종사원

- **경기감독 및 코치**
  - 경기감독 및 코치

- **직업 운동선수**
  - 프로야구선수
  - 프로경륜선수
  - 프로경마선수
  - 자동차경주선수
  - 프로배구선수
  - 프로골프선수
  - 프로농구선수
  - 프로축구선수

- **경기심판 및 경기기록원**
  - 경기심판
  - 경기기록원

- **스포츠 및 레크레이션 강사**
  - 스포츠강사
  - 레크레이션강사
  - 스포츠트레이너

- **프로게이머 외 기타 스포츠 및 레크레이션 관련 전문가**
  - 바둑기사
  - 스포츠에이전트
  - 프로게이머

- **기타 여가 및 스포츠 관련 종사원**
  - 카지노딜러
  - 치어리더
  - 골프장캐디

▌음식서비스관련직

- **한식 주방장 및 조리사**
  - 한식조리사

- **중식 주방장 및 조리사**
  - 중식조리사

- **양식 주방장 및 조리사**
  - 양식조리사

- **일식 주방장 및 조리사**
  - 일식조리사

- **바텐더**
  - 바텐더(조주사)

- **기타 주방장 및 조리사**
  - 단체급식조리사
  - 바리스타

- **패스트푸드원**
  - 패스트푸드원

- **웨이터**
  - 웨이터 및 웨이트리스

- **주방보조원**
  - 주방보조원

- **음식배달원**
  - 음식배달원

- **기타 음식서비스 종사원**
  - 푸드스타일리스트
  - 소믈리에

건설·기계·재료·화학·섬유

▌건설관련직

· 건축가 및 건축공학 기술자
- 건축안전기술자
- 친환경건축컨설턴트
- 건설견적원(적산원)
- 건축설비기술자
- 건축감리기술자
- 건축시공기술자
- 건축구조기술자
- 빌딩정보모델링(BIM)전문가

· 경량철골공
- 경량철골공

· 건축석공
- 건축석공

· 방수공
- 방수공

· 도배공 및 유리 부착원
- 유리부착원
- 도배공

· 광원·채석원 및 석재 절단원
- 광원·채석원 및 석재 절단원

· 토목공학 기술자
- 토목공학기술자
- 토목감리기술자
- 토목시공기술자
- 토목구조설계기술자
- 토목안전환경기술자

· 측량 및 지리정보 전문가
- 사진측량 및 분석가
- 지도제작기술자
- 지리정보시스템전문가(GIS전문가)

· 철근공
- 철근공

· 건축목공
- 전통건물건축원
- 건축목공

· 단열공(보온공)
- 단열공(보온공)

· 건축 도장공
- 건물도장공

· 공업 배관공
- 공업배관공

· 철로설치 및 보수원
- 철로설치 및 보수원

· 조경기술자
- 조경기술자

· 도시 및 교통설계 전문가
- 교통영향평가원
- 교통안전연구원
- 교통계획 및 설계가
- 도시계획 및 설계가

· 건설자재시험원
- 건설자재시험원

· 강구조물 가공원 및 건립원
- 철골공

· 콘크리트공
- 콘크리트공

· 조적공 및 석재 부설원
- 조적원

· 미장공
- 미장공

· 바닥재 시공원
- 바닥재시공원(마루설치원·타일부착원)

· 건설 배관공
- 배관공

· 건설 및 채굴기계 운전원
- 건설 및 채굴기계 운전원

· 기타 채굴 및 토목 관련 종사자
- 잠수 및 수중 기능원
- 점화·발파 및 화약 관리원

▌기계관련직

· 기계공학 기술자 및 연구원
- 기계공학기술자
- 사무용기계공학기술자
- 엔진기계공학기술자
- 자동차공학기술자
- 철도차량공학기술자
- 항공공학기술자
- 조선공학기술자
- 냉난방 및 공조공학기술자
- 플랜트기계공학기술자
- 건설기계공학기술자
- 로봇공학기술자
- 메카트로닉스공학기술자

· 전기전자 및 기계공학 시험원(기계분야)
- 기계공학시험원

· 승강기 설치 및 정비원
- 엘리베이터·에스컬레이터 설치 및 정비원

· 냉동·냉장 ·공조기 설치 및 정비원
- 냉동·냉장·공조기 설치 및 정비원

· 건설 및 광업기계 설치 및 정비원
- 건설 및 광업기계 설치 및 정비원

· 항공기정비원
- 항공기정비원
- 헬리콥터정비원

· 공업기계 설치 및 정비원
- 공업기계 설치 및 정비원

· 물품이동장비 설치 및 정비원
- 물품이동장비 설치 및 정비원

· 보일러 설치 및 정비원
- 보일러 설치 및 정비원

· 농업용 및 기타 기계장비 설치 및 정비원
- 농업용 기계정비원

· 선박정비원
- 선박정비원

· 철도기관차 및 전동차정비원
- 철도기관차 및 전동차정비원
- KTX 정비원

- **기타 운송장비 정비원**
  - 오토바이정비원
- **금속공작기계조작원**
  - 금속공작기계조작원
- **자동차 조립원**
  - 자동차조립원
- **일반기계 조립원**
  - 일반기계조립원

- **자동차정비원**
  - 자동차정비원
- **냉,난방 관련 설비 조작원**
  - 냉난방관련설비조작원
- **자동차 부분품 조립원**
  - 자동차부분품조립원
- **가스에너지기술자및연구원**
  - 지열시스템연구 및 개발자

- **금형원**
  - 금형원
- **자동조립라인 및 산업용 로봇 조작원**
  - 자동조립라인 및 산업용로봇조작원
- **운송장비 조립원**
  - 선박조립원
  - 철도차량조립원

▌재료관련직

- **일반기계 조립원**
  - 공구제조원(치공구포함)

- **제관원**
  - 제관원
- **주조원**
  - 주조원
- **도금 및 금속분무기 조작원**
  - 도금 및 금속분무기조작원
- **유리제조 및 가공기조작원**
  - 유리제조 및 가공기조작원
- **광석 및 석제품 가공기 조작원**
  - 광석 및 석제품가공기 조작원

- **금속·재료공학 기술자 및 연구원**
  - 재료공학기술자
  - 나노공학기술자
  - 금속공학기술자

- **섀시 조립 및 설치원**
  - 샷시원
- **용접원**
  - 용접원
- **금속 가공관련 제어장치 조작원**
  - 금속가공관련제어장치조작원
- **점토제품 생산기 조작원**
  - 점토제품생산기조작원
- **기타 비금속제품 관련 생산기 조작원**
  - 비금속광물가공관련 제어장치조작원
  - 비금속광물가공관련조작원

- **금속·재료공학 시험원**
  - 금속재료공학시험원
- **판금원**
  - 판금원
- **단조원**
  - 단조원
- **도장기조작원**
  - 도장기조작원
- **금속 가공기계 조작원**
  - 금속가공관련조작원
  - 금속가공관련검사원
- **시멘트 및 광물제품 제조기 조작원**
  - 시멘트 및 광물제품제조기조작원

▌화학관련직

- **감정평가사 및 감정사**
  - 조향사

- **화학제품 생산기 조작원**
  - 화학제품생산기조작원
- **고무 및 플라스틱제품 조립원**
  - 고무 및 플라스틱제품조립원

- **화학공학 기술자 및 연구원**
  - 석유화학공학기술자
  - 의약품화학공학기술자
  - 음식료품화학공학기술자
  - 고무 및 플라스틱화학공학기술자
  - 비누 및 화장품화학공학기술자
  - 도료 및 농약품화학공학기술자

- **타이어 및 고무제품 생산기 조작원**
  - 타이어 및 고무제품생산기조작원
- **가스에너지기술자및연구원**
  - 연료전지개발 및 연구자

- **화학공학 시험원**
  - 화학공학시험원
- **석유 및 천연가스제조 관련 제어장치 조작원**
  - 석유 및 천연가스제조관련제어장치조작원
- **화학물 가공장치 조작원**
  - 화학물가공장치조작원
- **플라스틱제품 생산기 조작원**
  - 플라스틱제품생산기조작원

▌ 섬유및의복관련직

- **섬유공학 기술자 및 연구원**
  - 섬유공학기술자

- **직조기 및 편직기조작원**
  - 직조기 및 편직기조작원
  - 섬유관련등급원 및 검사원

- **의복·가죽 및 모피 수선원**
  - 의복·가죽 및 모피수선원

- **재단사**
  - 재단사

- **신발제조기 조작원 및 조립원**
  - 신발제조기조작원 및 조립원

- **식품·섬유 공학 및 에너지 시험원(섬유분야)**
  - 섬유 및 염료시험원

- **표백 및 염색 관련 조작원**
  - 표백 및 염색관련조작원

- **양장 및 양복 제조원**
  - 양장 및 양복제조원

- **기타 의복 제조원**
  - 의복제품검사원

- **재봉사**
  - 재봉사

- **세탁관련 기계 조작원**
  - 세탁관련기계조작원

- **섬유제조 기계 조작원**
  - 섬유제조기계조작원

- **한복 제조원**
  - 한복제조원

- **모피 및 가죽의복 제조원**
  - 모피 및 가죽의복제조원

- **패턴사**
  - 패턴사

- **제화원**
  - 제화원

전기·전자·정보통신

▌ 전기·전자관련직

- **전기공학 기술자 및 연구원**
  - 전기계측제어기술자
  - 전기안전기술자
  - 송배전설비기술자
  - 발전설비기술자
  - 전기제품개발기술자

- **외선전공**
  - 외선전공

- **전기 및 전자 설비 조작원**
  - 전기 및 전자설비조작원

- **전기·전자 부품 및 제품 조립원**
  - 전기·전자제품 및 부품조립 및 검사원

- **전자공학 기술자 및 연구원**
  - 전자계측제어기술자
  - LED연구 및 개발자
  - 반도체공학기술자
  - 전자의료기기개발기술자
  - 전자제품개발기술자

- **PC 및 사무기기 설치 및 수리원**
  - 컴퓨터설치 및 수리원
  - 사무기기설치 및 수리원

- **전기 부품 및 제품제조 기계 조작원**
  - 전기부품 및 제품제조기계조작원

- **가스에너지기술자및연구원**
  - 태양열연구 및 개발자
  - 풍력발전연구 및 개발자
  - 태양광발전연구 및 개발자

- **전기·전자 및 기계 공학 시험원(전기·전자분야)**
  - 전기·전자시험원

- **산업전공**
  - 산업전공

- **내선전공**
  - 내선전공

- **가전제품 설치 및 수리원**
  - 가전제품 설치 및 수리원

- **발전 및 배전 장치 조작원**
  - 발전장치조작원
  - 풍력발전시스템운영관리자

- **전자 부품 및 제품제조 기계 조작원**
  - 전자부품 및 제품제조기계조작원

▮ 정보통신관련직

- **영상·녹화 및 편집 기사**
  - 디지털영상처리전문가

- **컴퓨터시스템 설계 및 분석가**
  - 정보통신컨설턴트
  - 컴퓨터시스템감리전문가
  - MIS전문가(경영정보시스템개발자)
  - 컴퓨터시스템설계분석가

- **응용 소프트웨어 개발자**
  - 응용소프트웨어개발자
  - 음성처리전문가
  - 증강현실전문가
  - 게임프로그래머

- **통신 및 방송송출 장비 기사**
  - 통신장비기사
  - 방송송출장비기사

- **컴퓨터 하드웨어 기술자 및 연구원**
  - 컴퓨터하드웨어기술자

- **네트워크시스템 개발자**
  - 네트워크프로그래머
  - 네트워크엔지니어

- **웹개발자**
  - 웹마스터
  - 웹엔지니어
  - 웹프로그래머

- **데이터베이스개발자**
  - 데이터베이스개발자

- **영상 및 관련 장비 설치 및 수리원**
  - 영상 및 관련장비설치 및 수리원

- **통신·방송 및 인터넷 케이블 설치 및 수리원**
  - 통신·방송 및 인터넷케이블설치 및 수리원

- **통신공학 기술자 및 연구원**
  - 통신공학기술자
  - 인공위성개발원
  - 통신기술개발자
  - 통신망운영기술자
  - RFID시스템개발자
  - 통신기기기술자

- **컴퓨터 보안 전문가**
  - 컴퓨터보안전문가

- **시스템 소프트웨어 개발자**
  - 시스템소프트웨어개발자
  - 컴퓨터프로그래머

- **웹 및 멀티미디어 기획자**
  - 웹기획자
  - 게임기획자
  - 애니메이션기획자

- **정보 시스템 운영자**
  - 정보시스템운영자
  - 기술지원전문가
  - 네트워크관리자

- **통신 및 관련 장비 설치 및 수리원**
  - 통신 및 관련장비설치 및 수리원

식품·환경·농림어업·군인

▮ 식품가공관련직

- **식품공학 기술자 및 연구원**
  - 식품공학기술자

- **떡제조원**
  - 떡제조원
  - 한과제조원

- **제분 및 도정 관련 기계 조작원**
  - 제분 및 도정관련기계조작원

- **음료 제조관련 기계 조작원**
  - 음료제조관련기계조작원

- **식품·섬유 공학 및 에너지 시험원(식품분야)**
  - 식품시험원

- **정육원 및 도축원**
  - 정육원 및 도축원

- **식품 및 담배 등급원**
  - 식품 및 담배등급원

- **곡물가공제품 기계 조작원**
  - 곡물가공제품기계조작원

- **기타 식품가공관련 기계 조작원**
  - 담배제조관련조작원

- **제빵원 및 제과원**
  - 제빵원 및 제과원

- **김치 및 밑반찬 제조종사원**
  - 김치 및 밑반찬 제조종사원

- **육류·어패류 및 낙농품 가공기계 조작원**
  - 육류·어패류 및 낙농품가공기계조작원

- **과실 및 채소 관련 기계 조작원**
  - 과실 및 채소관련기계조작원

▌환경·인쇄·목재·가구·공예및생산단순직

· 생명과학 연구원
- 해양수산기술자

· 배관 세정원 및 방역원
- 해충방제전문가

· 환경공학 기술자 및 연구원
- 환경공학기술자
- 온실가스인증심사원
- 환경컨설턴트
- 토양환경공학기술자
- 환경영향평가원
- 소음진동기술자
- 폐기물처리기술자
- 대기환경기술자
- 수질환경기술자

· 환경공학 시험원
- 친환경제품인증심사원
- 환경공학시험원

· 보건위생 및 환경검사원
- 보건위생 및 환경검사원

· 가스에너지기술자및연구원
- 바이오에너지연구 및 개발자
- 원자력공학기술자

· 소방공학 기술자 및 연구원
- 소방공학기술자

· 비파괴 검사원
- 비파괴검사원

· 산업안전 및 위험 관리원
- 산업안전원
- 위험관리원

· 식품·섬유 공학 및 에너지 시험원(에너지분야)
- 에너지진단전문가
- 에너지시험원

· 기타 공학관련 기술자 및 시험원
- 산업공학기술자
- 해양공학기술자

· 상·하수도 처리장치 조작원
- 상하수도처리장치조작원

· 재활용 처리 및 소각로 조작원
- 재활용처리 및 소각로조작원

· 인쇄기 조작원
- 인쇄기조작원

· 사진인화 및 현상기 조작원
- 사진인화 및 현상기조작원

· 목재가공 관련 기계 조작원
- 목재가공관련조작원

· 펄프 및 종이 제조장치 조작원
- 펄프 및 종이제조장치조작원

· 종이제품 생산기 조작원
- 종이제품생산기조작원

· 가구제조 및 수리원
- 가구제조 및 수리원

· 가구조립원
- 가구조립 및 검사원

· 공예원
- 공예원
- 점토공예가
- 한지공예가

· 귀금속 및 보석세공원
- 귀금속 및 보석세공원

· 악기제조 및 조율사
- 악기수리원 및 조율사

· 간판 제작 및 설치원
- 간판제작 및 설치원

· 기타 제조관련 기계 조작원
- 포장원

▌농림어업관련직

· 곡식작물 재배원
- 곡식작물재배자

· 채소 및 특용작물 재배원
- 특용작물재배자
- 채소작물재배자

· 과수작물재배자
- 과수작물재배자

· 원예작물 재배원
- 육묘 및 화훼작물재배자

· 조경원
- 조경원(원예사 포함)

· 낙농업관련종사원
- 낙농업관련종사원

· 가축사육종사원
- 가축사육종사원
- 동물조련사

· 조림·영림 및 벌목원
- 조림·영림 및 벌목원

· 양식원
- 양식원

· 어부 및 해녀
- 어부 및 해녀

· 농림어업관련 단순 종사원
- 농림어업관련단순종사원

▌ 군인

· 영관급 이상
- 육군장교(영관급 이상)
- 공군장교(영관급 이상)
- 해군장교(영관급 이상)

· 위관급
- 육군장교(위관급)
- 공군장교(위관급)
- 해군장교(위관급)

· 부사관
- 육군부사관
- 공군부사관
- 해군부사관

녹색직업

▌ 녹색직업

· 자연과학 연구원
- 기후변화전문가

· 생명과학 연구원
- 임학연구원
- 해양수산기술자

· 건축가 및 건축공학 기술자
- 친환경건축컨설턴트

· 조경기술자
- 조경기술자

· 단열공(보온공)
- 단열공(보온공)

· 전자공학 기술자 및 연구원
- LED연구 및 개발자

· 발전 및 배전 장치 조작원
- 풍력발전시스템운영관리자

· 환경공학 기술자 및 연구원
- 환경 및 해양과학연구원
- 온실가스인증심사원
- 환경컨설턴트
- 토양환경공학기술자
- 환경영향평가원
- 소음진동기술자
- 폐기물처리기술자
- 대기환경기술자
- 수질환경기술자
- 환경공학기술자

· 환경공학 시험원
- 친환경제품인증심사원
- 환경공학시험원

· 가스에너지기술자및연구원
- 바이오에너지연구 및 개발자
- 연료전지개발 및 연구자
- 풍력발전연구 및 개발자
- 태양광발전연구 및 개발자
- 태양열연구 및 개발자
- 지열시스템연구 및 개발자
- 원자력공학기술자

· 식품·섬유 공학 및 에너지 시험원(에너지분야)
- 에너지진단전문가

· 재활용 처리 및 소각로 조작원
- 재활용처리 및 소각로조작원

· 상·하수도 처리장치 조작원
- 상하수도처리장치조작원

· 조경원
- 조경원(원예사 포함)

· 조림·영림 및 벌목원
- 조림·영림 및 벌목원

진로와 취업전략

진로와
취업전략

Chapter 5 직무정보

학습 내용   직무에 대해 이해하고
다양한 직무의 종류와 직무역량에 대해 알아본다.

1 직무란

    목적이나 수준이 유사한 책무들의 집단 속에서 수행하는 일련의 업무와 과업을 말한다. 최근 인사채용은 직무역량을 중심으로 성과에 기여할 수 있는 지식과 스킬, 태도 등을 꼼꼼히 살피는 경향이 있다. 따라서 내가 선택한 직업의 구체적 과업, 즉, 직무에 대해 살펴보고 전략적으로 취업에 준비하면 합격의 지름길이 될 수 있다. 내가 관심 있는 직무에 대해 가장 잘 알 수 있는 방법은 직접 체험해 보는 일이다. 선택한 직업과 유사직종에서 아르바이트를 하거나 인턴으로 들어가는 일도 좋은 방법이다. 하지만 이러한 기회와 여건을 얻는 것은 제한적이기 때문에 직무에 대한 충분하고도 신뢰할 수 있는 정보를 얻기 위한 노력을 해야 한다.

2 직무의 종류

일반적으로 직업별 직무 분야는 크게 7가지로 구분된다.

직무 분야	직무 종류
경영지원	기획, 전략 ｜ 구매, 자재 ｜ 회계, 경리 ｜ 자금, 재무 ｜ 홍보, 광고 ｜ 인사 ｜ 교육 ｜ 총무 ｜ 법무 ｜ 비서 ｜ 사무보조
영업/유통	영업, 영업관리 ｜ 마케팅, 상품개발 ｜ 판매, 매장관리 ｜ 해외영업, 무역 ｜ 물류유통 ｜ TM, 고객지원
생산/연구	생산관리 ｜ 생산, 기능직 ｜ 품질관리 ｜ 생산기술 ｜ 연구개발 ｜ 환경, 안전
IT/전산	웹마스터, 기획 ｜ 프로그래머 ｜ 통신기술, 모바일 ｜ 웹디자인 ｜ 네트워크 관리 ｜ 시스템분석, 설계 ｜ 일반기업 IT직
디자인	그래픽디자인 ｜ 제품디자인 ｜ 캐릭터디자인 ｜ 패션디자인 ｜ 편집디자인
서비스	승무원, 관광 ｜ 인포메이션, 안내 ｜ 텔러, 금융창구 ｜ 외식서비스 ｜ 호텔리어
전문/기타	건축, 토목 ｜ 광고기획 ｜ 출판기획 ｜ 강사, 학습지 ｜ 인테리어 ｜ 금융 ｜ 기자, 아나운서, PD ｜ 의사, 간호사 ｜ 변호사, 검사 ｜ 조리, 영양사

3 직무를 탐색하는 방법

◼ 회사 채용사이트에 안내된 직무내용

회사 홈페이지 조직도의 주요 업무 내용을 꼼꼼히 확인해 본다. 일을 수행하기 위해 어떤 역량(행동, 지식, 기술, 태도 및 성향 등)이 필요한지 그리고 나에게 적합한지에 대해 꼼꼼히 파악해 본다. 입사지원을 원하는 회사의 채용사이트를 통해 직무내용을 충실히 준비하면, 취업입사지원서를 작성하거나 역량면접을 볼 때, 매우 중요한 자료가 될 수 있다. '우리 부서에서 하는 일이 무엇인지 정확하게 파악하고 있구나'란 인상을 주어 합격의 가능성을 높이는 좋은 전략으로 활용되기 때문이다.

◼ NCS 사이트를 활용한 직무 탐색방법

NCS 사이트에 제시된 국가직무능력표준정보를 활용할 수 있다. NCS 사이트는 산업 분야별로 검색할 수 있게 분류되어 있고, 검색하여 세부 직종과 직무에 대해 정보를 파악할 수 있다. 직무영역에서 기계수주 및 계약관리 업무를 할 때, 어떤 업무내용을 수행하는지에 대해 능력단위 요소별로 제시되어 있는 것을 볼 수 있고, 그 직무를 수행하기 위해 어떤 지식과 기술 및 태도가 필요한지에 대해 자세히 제시되어 있다.

회사마다 조금씩 차이는 있을 수 있지만, 같은 직무에 대해서는 대동소이하게 요구되는 지식이나 기술 같은 것이 존재하므로 이 NCS의 내용을 확인하는 것도 직무에 대한 정보를 얻는 유용한 방법이 될 수 있다.

❸ 취업정보 사이트를 활용한 직무 탐색방법

인터넷 사이트에서 제공하는 직무사전을 활용하는 방법이 있다. 구체적인 직무별 업무내용과 역량, 직무전망 등을 요약해 놓아 직무와 관련된 다양한 정보를 한눈에 보기좋다.

1
활용

▶ 하단 취업사이트에 접속한다.

출처 잡이룸 직무사전

2
활용

▶ 직무요약표에서 해당 직무를 클릭한다.

▶ 주요 업무 내용을 파악한다.

▶ 필요역량 탭으로 들어가 주요 역량을 확인한다.

쉬어가기

워크넷

워크넷의 [직업진로] 부분으로 접속한 뒤, '직업정보검색'을 누르면 한국직업정보시스템이 나온다. 여기에는 직업이나 직업 특성별로 요구되는 지식, 기술, 성향 등을 파악할 수 있는 개괄적인 정보가 담겨 있다. 한국직업정보시스템의 '분류별 검색' 기능을 활용하여 직업정보를 탐색한다.

한국직업정보시스템에는 실제 재직자들에게 질문하여 얻은 조사내용을 통계처리하여 제시하므로, 해당 직종의 일반적인 직무내용 및 직무환경을 파악하는 데에 유용하게 활용된다. 또 업무수행능력, 지식 부분을 눌러보면 해당 직종에서 어떤 능력이 중요하고, 어떤 지식을 갖추는 것이 필요한지에 대한 정보를 얻을 수 있고, 직업흥미유형이나 직업가치관의 측면에서도 그 직종에 대해 파악할 수 있다.

4 직무역량

1 역량: 직무를 효과적이고 탁월하게 수행할 수 있는 능력

해당 직무에 필요한 자질과 능력, 지식, 스킬, 태도 등을 말한다. 직무에 대한 이해와 직무의 종류를 알아보고, 내가 관심 있는 직무에 대한 수집이 이루어진 뒤에는 구체적으로 내가 원하는 직무가 필요로 하는 역량을 알아보고 취업에 준비하는 것이 성공취업의 지름길이다.

2 직무역량을 활용한 취업전략 프로세스

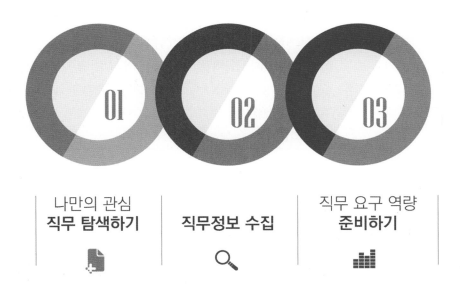

나만의 관심
직무 탐색하기

직무정보 수집

직무 요구 역량
준비하기

역량의 종류

역량군	역량명	역량 정의
공통기본 역량	회사 비즈니스 이해	회사와 업계의 특성, 성공요소를 파악하고 자신의 역량과 연계하여 이해하는 능력
	가치관, 직업관	개인의 가치판단 기준이 올바르며, 직업/직장에 대한 관념이 올바르고 긍정적임
	조직 몰입, 적응력	자신이 속한 조직 및 구성원들과 조기에 융화할 수 있는 능력과 조직에 공헌하려는 태도
	기본자질 및 교양	직장인으로서 갖추어야 할 기본적인 자질 및 비즈니스 예절, 폭넓은 교양
	직무지식, 수용능력	직무지식, 경험/ 전공지식을 바탕으로 조기에 업무를 수용하고 성과를 낼 수 있는 능력
대인관계 역량	팀워크지향	팀의 일원임을 인식하고 팀 목표달성을 위해 동료들과 적극 협력하고 함께 일하려는 태도
	프레젠테이션 스킬	자신의 의견이나 제안을 효과적으로 발표하고 상대방의 동의와 행동을 이끌어내는 능력
	리더십	공동의 목표달성을 위해 구성원들을 동기부여시키고, 지도하고 지원하며 이끌어가는 능력
	협상, 설득력	상대방을 설득하여 원하는 결과를 얻어내거나 상호 이익이 되는 합의를 이끌어내는 능력
	의사소통력	상대방을 경청하여 정확히 이해하고, 자신의 의사를 명확히 전달, 이해시키는 능력
	대인관계력	평소 원만한 인간관계를 형성, 관리하고, 필요 시 상대방의 협조를 이끌어내는 능력
성과관리 역량	목표, 성취지향	일의 성과목표를 명확히 세우고, 정한 목표는 계속 관리하여 달성해내는 능력/태도
	정보수집, 활용력	필요한 정보를 지속적으로 수집하고 가공, 관리하여 업무에 활용할 수 있는 능력
	IT활용능력	컴퓨터, IT를 활용하여 일을 효율적으로 처리하는 능력
	문제해결력	발생한(또는 예상되는) 문제의 본질과 원인을 파악하고 이를 해결할 수 있는 능력
	의사결정력	문제를 판단하고 쓸 수 있는 자원을 선택하여 올바른 결정을 적시에 내릴 수 있는 능력
	계획조직화	일하기 전에 활동계획을 세우고 필요한 인적, 물적 자원을 조직화(구성)할 수 있는 능력
사업수행 역량	상황대처력	돌발상황이나 불확실한 환경에 당황하지 않고, 신속하고 적절하게 대처하는 능력
	국제감각, 어학능력	글로벌 스탠다드에 맞추어 일할 수 있는 국제적 감각과 외국인과 의사소통하는 능력
	고객지향	고객의 입장에서 생각하고, 고객 니즈에 적절히 대응하여 고객을 만족시키는 능력
	전략적 사고	외부동향과 내부의 특성을 파악하여 목표를 달성하기 위한 최적의 방안을 도출하는 능력
자기기반 역량	도전정신	더 높은 성과목표를 세워 열정적으로 추진하고, 실패를 학습의 기회로 삼는 태도
	유연, 창의력	환경변화에 유연하게 대처하고, 새로운 아이디어를 제시하여 성과에 기여하는 능력
	진취성	적극적 사고와 자신감으로 새로운 기회를 찾아내고 주도적으로 일을 추진하는 태도
	분석력	모호한 현상이나 문제에 대해 정보를 분석하고 논리적으로 추론하여 구체화하는 능력
	자기개발	스스로 꾸준히 학습하고 개발하여 보다 나은 성과와 발전을 이루려는 태도
	신의, 성실성	모든 일에 성실, 정직하여 남에게 신뢰감을 주고, 꼼꼼하여 정확하게 일을 수행하는 태도

직무역량 예시

직 무	직무 내용	필요 자질(역량)
경영기획	경영방침 및 전략수립 사업부문별 전략대안 개발 이해관계 조정 산업동향 분석 외	분석력 기획력 창의력 의사소통력 정보수집 분석능력 재무 회계 경영지식 외
마케팅	마케팅 전략 수립 고객욕구 파악 시장분석 신제품 개발 광고기획 및 홍보활동 브랜드별 매출 및 손익관리	창의력 기획력 의사소통력 설득력 마케팅 전문지식 미래예측능력 외
인사관리	인사정책 및 인사기획 인사제도 운영능력 회사와 직원 가교 역할 인력수급관리 인적 자원 개발	조정능력 기획력 통찰력 분석력 종합사고력 전략적 사고 인사관리 전문지식 철저한 보안의식
영업과 영업관리	영업전략 수립 영업 및 관리 판매실적 관리 및 분석 고객관리 매출채권 관리 신규매장 개설 및 관리	영업력 분석력 창의력 설득력 대인관계력 고객관리능력 현장업무 파악능력 전산관리 및 분석능력
물류관리	물류전략 수립 물류관리 정보관리 입출고 보관관리 고객관리 적정재고관리	관리력 분석력 기획력 물류전문지식 고객관리능력 고객서비스 배송 관련 능력
품질관리	품질관리 방침 및 목표수립 품질경영시스템 구축 품질관리 공정관리 품질검사 품질개선	관리력 기획력 책임감 원칙주의 성실성 품질관리지식
재무 회계	자금 조달 및 운용 단기, 중장기 방침 및 목표 수립 경영분석 현금흐름 관리 회계처리 및 결산	관리력 책임감 윤리성 재무 회계 경영지식 정보수집 및 분석능력 외국어 독해 및 회화능력

5 직군별로 중시하는 역량

업종과 직군에 따라 요구하는 역량은 다르다. 기업에 있는 일반적인 직무영역들 가운데 채용담당자가 생각하는 직군별 중요 역량은 아래와 같다(직군별 중요 역량은 12개 공통역량 중 3순위까지이다).

 채용담당자가 생각하는 직군별 중요 역량

구 분	경영지원직군	마케팅, 영업직군	연구개발직군	생산품질직군	IT직군
조직이해능력	51.2	30.3	29.2	43.1	27.2
문제해결능력	51.9	42.9	68.6	64.4	61.1
도전정신	16.4	44.5	33.2	12.9	17.3
팀워크	32.8	30.7	31.0	46.7	30.2
커뮤니케이션	33.4	31.9	19.9	26.7	30.9
글로벌마인드	4.1	10.6	5.3	3.1	6.2
목표의식	19.5	34.3	32.3	22.2	14.8
대인관계형성능력	24.6	30.3	10.6	28.0	14.2
윤리의식	26.6	17.3	11.5	21.3	13.0
수리능력	5.8	2.4	11.5	5.3	9.9
정보기술활용능력	14.0	9.8	19.5	11.6	53.7
자기개발	17.1	11.4	24.3	11.6	19.1
합계	297.3	296.5	296.9	296.9	297.5

조사대상: 워크넷으로 청년채용 공지를 올린 업체 500곳 채용담당자
자료: 한국고용정보(2013), 청년층직업지도프로그램 개정 연구

출처 한국고용정보원 청취력

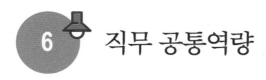

6 직무 공통역량

1 기업의 공통역량과 하위역량 요소

윤리의식
● 정직성
● 성실성
● 준법정신

수리능력
● 기초연산능력
● 기초통계능력
● 도표분석 · 작성능력

목표의식
● 미래지향성
● 진취성
● 개인비전 보유

커뮤니케이션
● 열린 의사소통
● 공감대 형성
● 유연한 사고

기업의 공통역량

대인관계 형성력
● 인적 네트워크 형성능력
● 신뢰감 형성
● 타인에 대한 배려

정보기술활용능력
● 컴퓨터활용능력
● 정보활용능력
● 정보수집 관리

팀워크
● 팀 목표 공유
● 갈등관리
● 발전적 관계구축

글로벌마인드
● 국제감각
● 타문화 수용
● 국제적 상황변화 대처

조작이해능력
● 공동체의식
● 주인의식
● 경영이해

자기개발
● 주도성
● 지속적 역량개발
● 전문성

도전정신
● 개척정신
● 열정
● 패기

문제해결능력
● 문제에 대한 원인분석
● 해결대안 도출능력
● 재발방지노력

자료 고용노동부(2013), 핵심직무역량 평가모델 팸플릿

윤리의식	직업적·개인적 윤리의식이 높고, 사회적·조직적 가치관과 일치하는 도덕적 판단력에 따라 행동한다.
수리능력	수리 및 계량적인 자료에 친숙하고 수리 계산이 빠르며, 자료를 효과적으로 정리, 관리한다.
목표의식	매사 목표달성을 위해 구체적인 계획을 수립하여 체계적으로 노력한다.
대인관계형성력	조직 내외의 여러 이해관계자들과 신뢰할 수 있는 관계를 형성하여 자신 혹은 회사에 긍정적 영향을 미치도록 한다.
팀워크	팀 내 구성원들이 하나가 되어 긍정적인 조직문화를 구축하고 이를 통해 다양한 곳에서 높은 성과를 낸다.
조직이해능력	공동체의식을 바탕으로 조직에 대한 높은 자부심과 충성심을 갖고, 조직의 상황을 정확히 이해한다.
문제해결능력	특정한 문제에 대한 원인을 정확히 파악하여 해결하고, 이에 대한 재발방지책까지 마련한다.
도전정신	어렵고 힘든 일이라도 실패를 두려워하지 않고 도전하여 목표를 성취하고 이전과 다른 새로운 대안을 제시한다.
자기개발	자신의 분야에서 최고를 지향하며 꾸준히 자신의 역량을 개발하려 노력한다.
글로벌마인드	타 문화권에 대한 심층적인 이해를 바탕으로 외국인과 원활하게 업무를 수행하며, 국제정세의 변화에 유연하게 대처한다.
정보기술활용능력	컴퓨터 및 OA를 능숙하게 활용하여 업무를 효과적이고 효율적으로 처리한다.
커뮤니케이션	상대방이 말하고자 하는 것을 정확히 파악하고, 내가 말하고자 하는 것을 정확히 전달하여 타인과 효과적으로 소통한다.

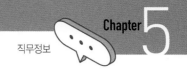

2 청년채용담당자들이 중시하는 공통역량

기업에서 채용할 때 보는 것은 직업기초역량과 특수역량으로 나뉠 수 있다. 기초역량
이란 기업에서 조직 활동을 할 때에 기초적으로 밑바탕되어 있어야 하는 주요 역량을
말한다(채용담당자가 생각하는 채용 시 중요 역량은 12개 가운데 3순위까지이다).

구 분	(%)
조직이해능력	50.0
문제해결능력	46.4
도전정신	25.4
팀워크	35.4
커뮤니케이션	31.6
글로벌마인드	3.0
목표의식	29.2
대인관계형성능력	24.6
윤리의식	25.2
수리능력	1.0
정보기술활용능력	10.8
자기개발	15.2
합 계	297.8

조사대상: 워크넷으로 청년채용 공지를 올린 업체 500곳 채용담당자
자료: 한국고용정보(2013), 청년층직업지도프로그램 개정 연구

워크시트

희망 직무 역량 분석하기

자신에게 요구되는 역량을 파악하고 이해하기 위해서는 직무 특성에 대한 정보를 수집하고 파악하는 것이 필수적이다.

⟨직무:　　　　　　　　　　⟩

기초직무능력	
해당 직무에서 중시하는 능력	

워크시트

현재 나의 역량 분석하기

SWOT 매트릭스

경영전략을 형성하기 위해 기업이 환경의 주어진 기회와 위험요소를 분석하여 자원의 강점과 약점을 비교평가하는 마케팅 전략 수립 도구이다. 최근에는 취업에 있어서도 자신의 강점과 약점을 파악하고 자기 역량을 돌아보는 객관적인 자기분석 도구로 활용하고 있다.

스왓 매트릭스는 개인의 목표 달성 전략을 세울 때 유용하며 강점과 기회요인은 최대한 활용하고, 걸림돌이 될 수 있는 약점은 보완하며, 위협요인은 최소화할 수 있도록 도울 수 있다. 현재 취업준비 상황을 토대로, 취업하는 데 있어서 내 자신의 강점요소(Strengths)는 무엇인가?(예) 제2외국어 일본어를 수준급으로 잘한다. 영어회화능력이 ○○이다. 대인관계능력이 좋다) 반대로 내 약점(Weakness)요소는 무엇인가?(예) 예민한 성격, 독해력 부족)

그 목표를 이루는 데 있어서 나를 둘러싼 환경을 분석해 보고 기회(Opportunities)요소는 무엇일까?(예) 나는 목표직업과 관련된 전공 학위가 있다. 가정환경, 최근직업동향, 지인들의 지지, 직업전망 등) 마지막으로 그 목표를 이루는데, 자신 주변의 위협(Threats)이 되는 방해요소를 적자. (예) 이미 취득한 학업성적이 낮다. 사회환경요소)

앞서 살펴본 가치관, 흥미, 성격을 토대로 자신을 둘러싼 외부환경과 상황을 분석하여 기회요인과 위협요인을 생각해보자.

워크시트

강점(S), 약점(W), 기회(O), 위협(T)

내부 요인 외부 요인	강점(S)	약점(W)
	내 자신의 강점(Strengths)요소	내 자신의 약점(Weakness)요소
	나를 둘러싼 사회환경의 기회 (Opportunities)요소	나를 둘러싼 사회환경의 위협 (Threats)요소

진로와
취업전략

Chapter 6 기업 탐색

학습 내용   목표기업이 원하는 인재상은?
기업정보 탐색방법을 익히고 목표기업의 주요 정보를 탐색한다.

1 대기업

1 기업의 이해

기업이란 영리를 목적으로 재화나 용역을 생산하고 판매하는 조직체로, 권리와 의미가 개인에게 귀속된 개인기업과 기업의 소유자와 독립된 법인격을 갖는 법인기업으로 나뉜다. 기업을 구분할 때는 크게 대기업, 공기업, 중소기업, 외국계 기업의 총 4가지 형태로 구분할 수 있다. 각 기업의 형태에 따라 취업준비를 어떻게 하면 좋을지 알아보자.

기업의 구분
기업의 활동에 관한 권리의무의 주체가 누구냐에 따라 개인기업과 법인기업으로 나뉜다.

❶ 권리와 의무가 개인에게 귀속된 개인기업

❷ 기업의 소유자와 독립된 법인격을 갖는 법인

② 대기업

1) 대기업 개념

　일정 규모 이상의 자산 및 종업원을 갖추고 큰 매출을 올리는 기업을 뜻한다. 그 기준은 일상용어에서는 명확하지 않으나, 대한민국 내에서의 법적인 정의로는 중소기업기본법 제2조와 중견기업 성장촉진 및 경쟁력 강화에 관한 특별법 시행령에 의거한 중소기업 및 중견기업의 요건에 해당하지 않는 기업들을 의미한다.

　이 법령에 따르면 다음의 요건이 될 때 대기업으로 볼 수 있다.

❶ 중소기업기본법에 포함되지 않는 기업

❷ 중견기업 성장촉진 및 경쟁력 강화에 관한 특별법 시행령에 의거한 중견기업에 포함되지 않는 기업

❸ 자산 10조원 이상으로 공정거래위원회에서 지정한 상호출자제한기업집단

❹ 금융 및 보험, 보험서비스업을 하며 중소기업기본법에 소속되지 않는 기업
CJ, GS, KB금융, KT그룹, LG그룹, LIG, SK, 교보생명그룹, 금강고려화학그룹, 금호아시아나그룹, 넥센그룹, 농협그룹, 신세계그룹, 동부그룹, 두산그룹, 롯데그룹, 삼성그룹, 현대그룹, 현대기아자동차그룹, 현대중공업, 한진그룹, 한화그룹 등

2) 대기업 취업전략

최근 대기업은 학력, 성별을 넘어 직무 적합성을 고려하여 기회를 부여하는 열린채용을 지향한다. CJ그룹, 현대기아자동차, 대우건설 등의 대기업은 인턴제를 적극 활용하여 최종평가에 따라 정규직으로 전환되는 경우가 많다. 그러므로 관심 있는 대기업의 인턴업무나 아르바이트 등 정보를 수시로 확인해야 한다.

기업의 글로벌 경영확대와 세계화, 해외시장 진출이 활발해지면서 영어회화 실력을 평가하고 있다. 삼성계열과 CJ그룹에서는 영어성적 토익스피킹, 오픽 등 영어회화능력시험 성적을 필수적으로 요구하고 있다. 또한 일부 대기업의 경우 제2외국어인 중국어, 일본어 등 가산점을 부가하기도 한다. 하지만 영어자격을 필수조건으로 반영하지 않는 경우도 있기 때문에 지망기업의 채용공고를 사전에 미리 확인하고 준비하는 전략이 꼭 필요하다.

직무적성검사를 보는 경향이 많다. 직무적성검사는 일차적으로 면접 인원을 선발하는데 활용되며 입사 후에 적절한 부서 배치를 위한 기초자료로 활용된다.

가장 많은 응시율을 보이고 있는 SSAT^(삼성직무능력검사)의 경우 언어논리, 중학교 3학년 수준의 수치논리, 추리, 시각적사고, 상식영역이 포함되어 있다. 상식도 한국사와 세계사가 두루 출제되고 있다. 평소에 최근시사상식과 경제신문개념 정리, 기출문제집 등을 활용해 준비하도록 한다.

2 공기업

1 공기업 개념

국가 또는 지방공공단체의 자본에 의해서 생산·유통 또는 서비스를 공급할 목적으로

운영되는 기업을 말한다. 사기업^(私企業)과 대조적인 기업 형태이다. 공기업은 영리를 목적으로 하지 않지만 필요한 비용은 그 사업의 수입에서 충당하여 쓴다. 대표적으로는 한국가스공사, 한국전력공사, 각 공항공사, 항만공사, 한국토지주택공사 등이 있다.

2 공기업 취업전략

사기업에 비해 학력, 나이, 성별, 출신지역 차별이 없고, 근속기간이 길어 안정성이 좋아 많은 구직자들이 선호하고 있다. 직군별로 금융권, 국제무역, 환경, 사회, 복지 등 다양한 직군 중 하나를 정하고 그에 맞게 취업준비를 한다. 정보통신, 사무관리 분야 자격증과 공인어학성적, 관련 분야 전문자격증과 같은 것을 기본적으로 준비한다.

3 중소기업

1 중소기업 개념

중소기업 육성시책의 대상이 되는 기업으로, 소유와 경영의 독립성을 확보하고 있으며 규모가 상대적으로 작은 기업을 말한다. 「중소기업기본법 시행령」에서는 중소기업의 규모기준과 독립성기준을 규정하고 있으며, 상시근로자 수가 1천명 이상인 기업과 자산총액이 5천억원 이상인 기업은 중소기업에서 제외하도록 하여 중소기업 상한기준을 두고 있다.

② 중소기업 취업전략

대기업 채용시즌과 겹치지 않게 8~9월이나 11~2월에 이루어지는 경우가 많아 시기에 맞게 준비한다. 채용기업의 재무적 안정성과 성장잠재력을 점검해 볼 필요가 있다. 중소기업현황정보시스템, 대한상공회의소 코참비즈, 워크넷의 강소기업 사이트를 활용하여 확인하는 것이 좋다.

대기업처럼 자체적으로 직무적성검사 시스템이 마련되어 있지 않으므로 무엇보다 실무능력과 조직에 충성심을 가지고 어울릴 수 있는 인재를 선호하기 때문에 면접 준비에 만전을 기하는 것이 좋다.

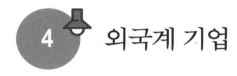

4 외국계 기업

① 외국계 기업 개념

외국인 개인 또는 외국법인이 투자한 회사로서 본사를 외국에 두고 한국에 지사가 진출해 있거나 합작형태로 국내에 진출해 있는 직업조직을 말한다.

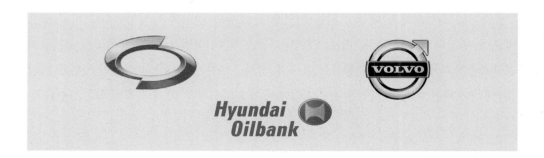

2 외국계 기업 취업전략

한국에 있는 외국계 기업 목록과 투자정보를 확인하려면 '산업통산자원부 > 정책정보 > 외국인 투자기업 정보'에서 검색하면 된다.

자유로운 문화와 팀워크를 중요시하는 경향이 있다. 업무강도는 대체로 높은 편이다. 수시채용이 일반화되어 인맥과 헤드헌터 채용이 많다. 결원이 발생했을 경우 인적 자원 자료를 통해 추천제나 공모제로 선발한다. 친목과 인적 네트워크 관리가 중요하며 수시로 외국계 기업 채용 전문 사이트(월드잡)를 방문하는 것도 좋은 방법이다.

지원하고자 하는 직무에 맞게 Resume(영문 이력서)와 Cover Letter(영문 자기소개서)를 작성 또는 업데이트 하도록 하고, 기업 정보를 수집하며 '인터뷰 준비'를 잘해둔다.

<외국계 기업 채용 사이트: 월드잡>

5 강소기업

1️⃣ 강소기업 개념

강소기업(Small Giants)이란 규모는 작지만 시장과 산업 내에서 강한 경쟁력을 확보하고 있는 중소기업을 의미한다. 강소기업이라는 용어는 연구의 대상과 환경에 따라 히든 챔피언, 가젤형 중소기업, 고성장 기업 등 다양한 형태로 사용되고 있다.

중소기업 중에 작지만 강한 기업이라고 볼 수 있으며 각 중앙부처, 지방자치단체 등에서 자체적으로 선정한 우수기업 중에 임금체불 이력 등 결격요건이 있는 기업을 제외하고 선정된 기업으로, 최근에는 청년층 희망요건을 반영한 '청년친화 강소기업'을 선정하여 청년이 실제 궁금해하는 기업정보를 취업사이트에서 확인 가능하도록 되어있다.

2018년도 기준 청년친화 강소기업 총 1,105개가 선정되었다.

서울 324개(29.2%), 경기 326개(29.5)로 서울경기 지역이 대체로 많고, 그 뒤로 대전, 충청, 세종이 126개(11.4%), 부산, 울산, 경남이 119개(10.8%)로 뒤를 이었다.

2️⃣ 강소기업 취업전략

교내외에서 제공하는 경력개발센터, 취업지원센터, 일자리 박람회, 강소기업 채용설명회 등을 적극 활용한다. 강소기업 목록을 확인한 후, 강소기업의 인재상에 걸맞는 인성과 역량 중심으로 자질을 쌓아나간다.

> **강소기업 살펴볼 목록**
>
> 강소기업의 경쟁력을 결정하는 요인
>
> ❶ **재무역량**: 자금(금융)조달능력(PF 등), 안정적 재무구조(관리)
>
> ❷ **최고경영자**: 경영인식 및 관심(경영관), 변화의지, 영업력, 리더십
>
> ❸ **전략·목표·기획**: 경영전략 인식, 사업기획력, 환경예측력, 정책제도 변화 대응력
>
> ❹ **기술정보화**: R&D 투자, 특화기술 개발, 시공기술력, 정보화역량, 정보기술 활용
>
> ❺ **사업전략**: 동업종 특화(전문화), 안정적 사업에의 집중, 신규사업개발, 시장다변화

6 기업정보

■ 기업정보란

　기업과 관련된 정보로 회사연혁과 역사, 경영이념과 경영목표 등을 말한다. 목표로 하는 기업에 대한 충분한 자료조사를 통해 나의 비전과 일치하는지 확인할 수 있고, 기업에서 원하는 인재상과 조직분위기를 꼼꼼히 살펴 기업에 애착을 가지고 철저하게 대비할 수 있다. 특히 입사서류와 면접의 자료로 매우 유용하게 활용된다. 기업정보를 충실하게 준비한 사람은 면접관에게 '이 사람이 우리 기업에 대해 많이 조사하고 준비하고 왔구나! 우리 기업에 정말 입사하고 싶구나!' 하는 인상을 주어 준비성과 성실성, 열정과

각오를 드러낼 수 있다. 유의할 점은 다양한 정보원을 통해 기업에 대한 정보를 획득할 수 있지만, 기업정보는 계속 변화하기 때문에 관심 기업에 대해서는 지속적으로 정보를 구하는 것이 필요하다.

🌳 기업정보 주요 요소

양적 요소	질적 요소	채용정보
회사 규모 직원 수 매출액 영업이익 변화량 경영성과 기업역사 회사위치 연혁	기술력 미래 성장가능성 조직문화 비전 핵심가치 산업분석 이슈	채용 프로세스 채용방법 채용기간 채용특성

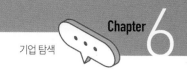

2 꼭 살펴봐야 하는 기업정보

1. 목표기업의 홈페이지를 통해 기업의 인재상 개념을 분석하라.

예를 들어 신한은행 채용 인재상을 살펴보자.
신한은행 채용정보 홈페이지에 들어가 보면, 인재
상 란에 "따뜻한 가슴을 지닌 창의적인 열정가"라
고 명시되어 있다. 이때 내가 생각하는 따뜻한 사람
과 기업이 정의하는 따뜻한 사람은 차이가 있을 수
있다. 따라서 구체적으로 어떤 사람인지 살펴봐야
한다.

신한은행 인재상에서 말하는 따뜻한 가슴이란?
정직한 사람, 신뢰를 바탕으로 한 사람,
나 혼자가 아닌 모든 구성원을 생각하는 사람,
팀워크를 통해 목표달성에 기여하고 헌신하는 사람으로,
4가지로 정의하고 있다.

2. 기업의 핵심가치를 찾아라.

기업 홈페이지에 들어가 보면, 기업의 근간이 되는
정신과 지향하는 방향을 알 수 있는 핵심가치를 살
펴볼 수 있다. 창업주가 어떤 가치와 경영이념으로
이 회사를 창립했으며, 직원들에게 요구하는 행동
규범이 무엇인지 살펴볼 수 있다. 직원들에게 중요
하게 요구하는 가치, 행동규범, 회사의 나아갈 방향
을 살핀 후, 기업의 코드에 자신을 맞추어 준비하는
것이 취업에 도움이 된다.

3. 조직문화 유형을 도출하라.

조직문화란 조직 구성원들이 공유하는 사고방식
과 행동양식, 가치관, 관습의 총체를 말한다. 기업
은 기존 직원들의 사고체계와 행동양식이 유사한
성향을 지닌 지원자에게 끌리게 되어 있다. 내가 입
사하고자 하는 기업이 규정과 절차를 중시하는 안
정성을 요구하는 문화인지 끼와 개성이 강한 인재,
자유분방한 개성 있는 인재를 요구하는 문화인지
구체적으로 살펴보라.

③ 기업정보 탐색방법

회사규모와 경영철학, 회사역사, 회사위치와 같은 양적 요소를 비롯해 조직문화나 기술력, 핵심기술과 같은 질적 요소들을 확인하기 위해서는 다양한 정보원이 필요하다.

1) 기업에 직접 문의

2) 기업홈페이지 활용

3) 취업포털사이트, 취업카페 활용

4) 기업 관련 기사 스크랩

5) 관련 협회, 신용평가기관 검색

6) 기업분석자료 사이트(한국기업평판연구소, 한국신용평가 사이트)

7) 채용설명회

8) 현직자 인터뷰

워크시트

목표기업 분석 보고서

목표기업 기본정보수집:

기업명	
지원분야	
소재지	
홈페이지	
담당업무(직무내용)	
회사 연락처	
대표이사	
주요 연혁	
CEO 경영철학(핵심가치)	
조직문화	
인재상	
주요 상품 브랜드	
복리후생	
기업비전	
채용정보	
급여정보	
강점(기회)/단점(위협) 요소	

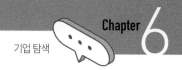
4 기업정보원으로 유용한 사이트

워크넷 (워크넷 > 구직 > 청년)	코참비즈넷, KED, 우수중소기업 DB, 중소기업현황 연동	고용노동부, 한국고용정보원	http://www.work.go.kr/ http://www.work.go.kr/jobyoung
중소기업 현황정보시스템	우수중소기업 DB 서비스 제공	중소기업청	http://sminfo.smba.go.kr
케이리포트	기업보고서(재무제표, 신용정보 등)	한국기업데이터	http://www.kreport.co.kr
상장기업정보	주권-코스닥 상장법인 기업정보	한국상장사협회	http://www.kocoinfo.com
DART	상장법인 기업공시 시스템	금융감독원 전자공시시스템 DART	http://dart.fss.or.kr
산학연 통합정보망 e-CLUSTER	전국의 산업단지 현황 정보 제공	한국산업단지공단	http://www.e-cluster.net
VENTURE-in	벤처기업의 정보 제공	기술신용보증기금	http://www.venturein.or.kr
오프니	기업진단정보포탈	공정거래위원회	http://groupopni.ftc.go.kr/ogroup/info/info_01.jsp?muduCount=menu_05
우수중소기업 DB	6만여 건 우수중소기업 정보	중소기업청	http://www.goodcompany.go.kr

산업동향 정보원 탐색 사이트

목표기업 산업의 전반적인 흐름을 탐색하면, 미래기업의 성장 방향과 재무구조 영업실적, 기업의 핵심사업 구조 등을 면밀히 파악할 수 있어 유용하다.

- 네이버 금융　　　　http://www.finance.naver.com
- 금융감독원　　　　http://www.fss.or.kr
- 상장기업분석/순위　http://www.comp.fnguide.com

7 기업의 채용

1 기업의 채용경로 이해

01 인사이동, 유능한 직원을 내부에서 먼저 발굴

02 주변의 검증된 구직자 소개

03 인사채용 담당부서에 유능인재 선발요청

04 고용지원센터 직업소개, 파견업체, 헤드헌팅업체, 인력공급기관

05 인터넷, 신문 등 공개적 채용공고

2 채용정보 민간사이트

직업별 지역별 공채자료, 대기업/중소기업 채용, 기업정보, 강소기업, 연봉정보 등을 확인할 수 있다. 수시로 확인하여 기업채용 정보를 확인해 보자.

인쿠르트 www.incruit.com   사람인 www.saramin.co.kr

리쿠르트 www.recruit.co.kr   스카우트 www.scout.co.kr

잡코리아 www.jobkorea.co.kr   유니코서치 www.unicosearch.com

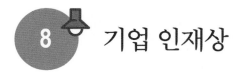 기업 인재상

◘ 인재상의 개념

인재상이란 기업이나 조직이 이상적으로 여기는 인재의 모습이다. 기업이 필요로 하는 인적자원관리 방향과 좌표를 설정하는 기준이기도 하며 기업규모, 업종, 형태, 문화에 따라 또는 시대적, 기업환경 변화에 따라 달라진다.

🌳 100대 기업이 원하는 인재상

역 량	키워드
창의성	상상, 창의, 인식 전환, 독창, 가치 창출 등
전문성	최고, 전문, IT활용능력, 자기개발, 프로, 실력, 탁월 등
도전정신	개척, 모험, 도전, 과감한 시도, 위험 감수, 변화 선도 등
도덕성	도덕성, 인간미, 정직, 신뢰, 무결정, 원칙 준수 등
팀워크	협력, 동료애, 팀워크, 공동체의식, 배려 등
글로벌 역량	글로벌마인드, 열린 사고, 국제적 소양, 어학능력 등
열정	열정, 승부근성, 체력, 건강, 자신감 등
주인의식	책임의식, 주인의식, 자율, 성실성, 사명감 등
실행력	신속한 의사결정, 리더십, 추진력, 실천 등

자료 대한상공회의소(2013a)

100대 기업이 요구하는 인재상

삼성전자	창의적 인재, 도전적 인재, 글로벌 인재
현대자동차	도전, 창의, 열정, 협력, 글로벌마인드
한국전력공사	창조하는 전문인, 서로 돕는 협력인, 넓게 보는 세계인
엘지전자	열정, 실행력, 전문역량
포스코	세계인, 창조인, 실행인
지에스칼텍스	에너지리더십, 조직가치 실천, 전략적 사고, 추진력
우리은행	도전, 고객, 인재, 정직
에스케이 이노베이션	신뢰기반으로 도전, 혁신을 실천하는 글로벌 탤런트

② 기업 인재상의 변화

산업의 형태가 변화하면서 직업세계에서 원하는 인재상의 형태도 변화하고 있다. 1980년대 공업화 사회에서는 책임감과 협동성, 성실한 인재를 추구하는 반면, 1990년대에는 기술정보화 사회가 도래하면서 창조적이고 국제적인 감각을 가진 인재를 선호하였다. 2000년대 현대시대는 지식창조형 사회로 단순한 사고와 일처리가 아닌 자신 고유의 전략을 가진 혁신적인 인재를 선호하는 경향이 있다.

산업형태	1980년대	1990년대	2000년대
	공업화 사회	기술·정보화 사회	지식·창조형 사회
인재상 형태	관리자형 인재 (노무형: physical power)	창조적 인재 (두뇌형: brain power)	창의형 인재 (전략가형: concept power)
인재상 키워드	책임감, 협동성, 성실성	창조적, 국제감각 / 글로벌마인드 학습인	전략적, 지식인, 혁신적
인재상 특징	범인형, 보통형, 일반형	특이형, 디지털형, 글로벌형, 창조형	전문인, 전략인, 혁신인, 기업 가정신 소유자
인재특성	대인관계 및 팀워크에 공조	글로벌 감각으로 정보화 사회 주도	혁신적 사고와 전문지식으로 글로벌 비즈니스를 역동적으로 수행

출처 이종구, 천만봉(2013), 한국 대기업의 인재상 전개과정과 시대별 특성 비교분석에 관한 탐색적 연구, 경영사학, 28(2), pp.49~78

3 기업의 인재상 평가방법

기업은 자신의 기업에 적합한 인재상을 어떻게 알아볼 수 있을까?

내가 기업의 사장이라면 어떤 전공과 자격 경험을 쌓은 사람을 뽑아 업무를 맡길 것 같은가? 기업과 직무에 대해 막연히 알고 기업 입사를 막연히 동경해서 지원한 지원자보다 실제로 기업과 관련된 정보를 충분히 수집하고 직무와 관련된 역량을 축적한 사람을 채용할 확률이 높을 것이다. 마케팅팀 직원을 뽑는다면, 시장조사에 관심이 있거나 해본 적이 있는 사람을 선택하는 것은 당연한 일이다. 그래서 기업을 찾으면, 제품과 서비스 등을 보고 난 뒤에 조직도나 부서표 같은 것을 보면서 어떤 방식으로 일을 하는지 이해해 보자. 그리고 나서 내가 가진 자원과 경험을 비추어보며, 나는 어느 부서에서 어떤 직무를 하는 것이 가장 효과적일지 생각해 보고 지원하자.

창의성   자기소개서의 대학, 사회활동 경험을 통해 예측, 면접 실습평가

전문성   이력서의 업무 관련 경험과 자격증을 통해 예측

도전정신 자기소개서의 도전경험을 통해 예측

도덕성   자기소개서의 봉사경력이나, 성장과정, 성격 등에서 유추, 면접에서 평가

팀워크   이력서, 자기소개서 또는 면접에서 직접평가

글로벌   이력서 외국어능력과 여행경험 등에서 유추

열정   자기소개서의 적극성에서 예측

워크시트

기업이 원하는 인재는 어떤 인재일까?

기업의 인재상 조별 토의 과제

▶ 목표기업은 어디인가(공공, 민간사이트 참조)
▶ 구체적 직무는 무엇인가(NCS 참조)
▶ 필수역량(기업이 요구하는 인재상 참조)

채용자 입장에서 기업의 인재상 어떤 사람을 뽑고 싶은가?	채용자 입장에서 그 이유는?	취준생 입장에서 무엇을 어떻게 준비할까?

워크시트

기업 인재상 개인 커리어 계획표

해당 기업이 어떤 사람을 선호하는지 면밀히 파악하였다면, 해당 기업 인재상에 맞는 커리어를 전략적으로 준비해야 한다. 현재 자신의 커리어 현주소를 인식하고 구체적인 목표를 정해보자. 다음 표를 보면서 현재 자신의 부족한 능력을 적고, 이를 개발하기 위한 실행목표와 실행시기 그리고 실행방법에 대해서 작성해 보자.

인재상	실행목표	실행시기	실행방법 및 내용
예시) 영어말하기 능력	토익스피킹 레벨 6과 오픽 IM 획득	2024년 10월까지	영어학원 수강등록 시험 총 4회 응시 영어 모의면접 하기

SMART
목표설정

S	구체적인 목표(Specific)
M	측정 가능한(Measurable) 목표
A	달성 가능한(Achievable) 목표
R	결과 지향적(Result- oriented) 목표
T	달성기한이 있는(Time-bounded) 목표

진로와 취업전략

진로와
취업전략

Chapter 7 입사지원서 전략

학습 내용   본격적으로 취업관문에 들어서서 효과적인 구직서류를 준비한다.

1 입사지원서의 중요성

　본격적인 취업관문에 들어서는 첫 단계는 서류전형이다. 지금까지의 자기탐색과 기업직무정보를 바탕으로 입사서류를 작성해야 한다. 입사지원서는 나의 능력과 경험에 대한 공식문서라 할 수 있다. 대부분의 회사에서 서류전형을 통해 구직자와의 첫 만남이 이뤄지며 서류전형에서 제출하는 입사지원서는 이력서와 자기소개서로 구성된다. 경력자의 경우에는 경력기술서가 포함되기도 한다.

　이력서는 구직자의 신상명세와 경력, 이력이 담긴 양식으로 데이터 위주의 개괄적인 정보를 일목요연하게 보여주는 서류인 반면, 자기소개서는 이력서에서 보여주지 못한 성장 과정이나 지원동기, 성격, 포부 등 자신을 서술식으로 홍보하는 서류이다. 지원기업의 규격화된 양식이 있을 경우 그 양식에 맞게 작성하지만, 지원기업 양식이 없을 경우에는 별도의 자유양식 서식으로 자신의 장점이 돋보이도록 작성하여야 한다. 단순한 항목에 맞춰 기재하기보다는 짧은 시간 강력하게 어필하는 이력서로 자신의 강점과 전문성이 잘 드러나도록 구성하는 것이 차별화점으로 작용해 긍정적인 평가를 받을 수 있다.

　단 주의점은 회사의 특성을 파악하지 않은 채 자신의 개성만 담아 너무 튀거나 산만할 경우 오히려 회사 인재상과 맞지 않아 부작용을 초래할 수 있다. 또한, 입사지원 후 낙방이유에 대한 설문조사 결과 이력서, 자기소개서 작성 실수로 낙방한 것 같다는 꾸준한 의견이 나오는 만큼 첫 단계부터 실수 없도록 오타 없이 꼼꼼히 준비하여 보자.

낙방이유

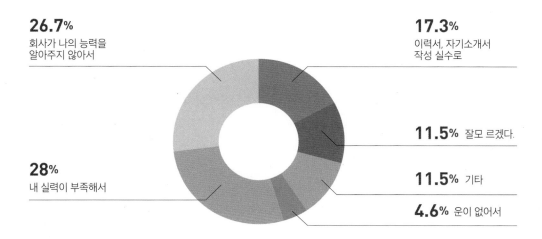

26.7%
회사가 나의 능력을
알아주지 않아서

17.3%
이력서, 자기소개서
작성 실수로

11.5% 잘모 르겠다.

11.5% 기타

28%
내 실력이 부족해서

4.6% 운이 없어서

입사서류 작성 전 체크하기!

- **모집 세부사항:** 학과 및 경력 사항에 비추어 모집 직무 및 직급이 나에게 해당되는지 확인, 모집 직무에 대한 상세 사항 조사
- **모집 대상:** 나와의 적합성 여부 판단 및 우대 사항에 대한 관련 증빙자료 수집
- **전형 안내:** 자신의 현재 여건, 미래 일정 등을 고려하여 준비할 시간 등의 가능성 여부를 타진, 지원서 양식 획득
- **제출 서류:** 제출 서류 리스트 만들기, 발급 및 수령에 소요되는 시간 파악
- **기타:** 문의 사항이 있다면 리스트 만들어서 연락 취하기 등

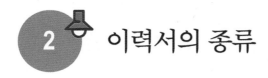

2 이력서의 종류

크게는 네 가지로 나눌 수 있다. 회사에서 요구하는 회사양식 이력서, 자사 인터넷양식 이력서, 자신의 특성과 개성이 나타나도록 하는 자유이력서, 정부(노동부)가 권고하는 표준이력서이다.

 자사 입사지원서

회사에서 요구하는 양식
온라인 입사지원서

 자유양식 이력서

자신의 특성과 개성이 나타나도록
너무 튀거나 산만하면 부작용
해당 기업 특색 파악

 표준이력서

인터넷 다운로드
아르바이트 기본이력서

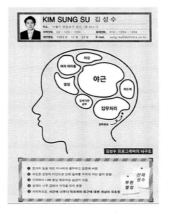

 자사 인터넷지원 입사지원서

3 이력서 구성요소

일반적인 이력서의 경우에 인적사항과 학력사항, 경력사항, 자격 및 특기사항이 포함된다. 회사에 따라 가족사항, 병역, 신체사항 등을 작성하도록 되어 있다. 이 밖에도 최근 NCS 채용서식에는 기본적인 인적사항과 학력, 경력, 자격사항 외에 직무 위주의 경력과 경험기술서를 작성하도록 되어 있는 것이 특징인 반면, '블라인드 채용 서식'은 사진이나 학력, 학교명기입 등을 배제하였고, 직무와 역량 중심의 서식으로 구성되어 있다.

따라서 최근 확산되고 있는 블라인드 채용의 경우, 편견이 개입되어 불합리한 차별을 야기할 수 있는 항목인 출신지, 가족관계, 사진, 성별, 연령, 학력, 출신학교 등은 요구하지 않고 직무와 관련된 교육·훈련, 자격, 경험^(경력)을 중심으로 작성하도록 한다.

🌳 기본 이력서 서식 샘플   🌳 블라인드 이력서 서류 서식 샘플

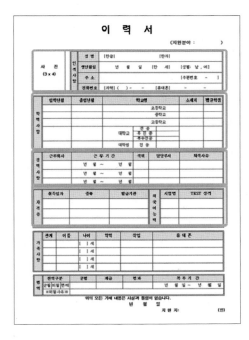

이력서 작성 방법

1 사진

  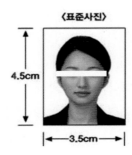

〈표준사진〉

4.5cm

3.5cm

- 사진규격: 최근 3개월 이내 단정한 사진을 사용하며 계절에 맞는 사진을 붙인다. 사진규격을 정확히 확인하고 규격에 잘 맞추어 붙인다. 전자문서로 지원할 때는 정해진 크기와 파일 사이즈를 편집하는 성의가 필요하다.

- 표정: 살짝 미소 띤 단정한 사진을 준비하는 것이 좋다.

- 머리의 경우, 머리카락이 눈에 거슬려서는 안 된다. 일자모양의 앞머리보다는 이마를 보이는 것이 밝은 인상을 준다. 남자의 경우 눈썹이 보이도록 하고, 여자의 경우 묶은 머리와 단발머리가 좋다.

- 의상: 사계절을 무난하게 쓸 수 있는 정장을 입는 것이 좋으며, 얼굴형에 맞는 목라인의 옷을 선택하도록 한다.

- 주의사항: 너무 과한 염색은 피하고 짙은 갈색이나 검정 정도가 좋다. 과도한 포토샵과 지나친 보정은 부정적으로 작용할 수 있으니 실물과 다르지 않을 정도의 보정이 좋다.

2 인적사항

- 지원자의 성명과 현주소, 연락처, 희망업무, 지원분야 등을 기재하게 되어 있다.

- 본인의 휴대전화와 집 전화번호를 비워놓지 않도록 한다.

- 호주가 아버지라면 아버지 성함을 기입한다. 호주와의 관계는 모, 부가 아니라 장남 또는 장녀이다. 호적법이 개정 폐지되었기 때문에 안 쓰지만, 간혹 기재란이 있을 때 비워놓지 않는 것이 낫다.

- 남매가 있을 경우, 첫째가 아니면 모두 차남, 차녀로 기재한다.
  1남 1녀의 경우, 둘째라 하더라도 장남/장녀로 기재한다.

- 이메일 계정을 확인하고, 간절한 회사 입사의지를 보인다. 서울시에 지원 시 seoul을 포함시키면 이력서 앞부분부터 주목받을 수 있다.

3 학력사항

- 전공분야나 기본지식, 공백기간을 확인하는 데 쓰인다.

- 보통 고등학교부터 최종학력까지 졸업을 위주로 기입한다.

- 전공/부전공, 전 학년 평점(총점)을 기록하기도 한다.

- 최종학력이 지원부서와 관련이 있을 경우 최종학력부터 역순으로 작성하기도 한다.

기 간	학교명	전 공	성 적	졸업 여부
2020. 03. 01 ~ 2022. 02. 23	○○ 고등학교			졸업
20xx. xx ~	○○ 대학교	○○과	3.5 / 4.5	졸업예정

4 경력사항

● 지원한 업무와 관련된 경력 위주로 최근 것부터 작성하는 것이 좋다.

● 회사명과 소속부서, 담당업무를 명사화하여 잘 기입하도록 하고, 아르바이트나 계약직 같은 단기 일자리의 경우 입사분야와 관련이 있을 경우만 기입하도록 한다.

기 간	회사명	담당업무
2022. 03 ~ 2022. 12	(주)세븐일레븐	편의점 판매직 아르바이트 - 1일 평균 150명 응대 　총 200여 종 매장 물품정리
2022. xx ~ 2022. xx	(주)아모레퍼시픽	AP 화장품 영업지원 - 30일간 500여 명 고정고객 　명단 정리

● 경력자의 경우 경력기술서를 별도로 작성한다. 자신이 근무한 회사명과 주요사업, 소속 부서, 최종직급, 근무기간, 주요업무 및 성과 등을 표기하며, 근무기간은 연도와 월을 기재하고 만약 부서이동이나 직책 승진, 해외 근무 등이 있었다면 별도로 표기한다. 담당업무에 자신의 업무를 단순 기술하는 것은 지양하는 것이 좋으며, 지원하는 직무와 관련된 주요업무를 기술하고 이를 통해 자신이 만들어낸 성과를 수치를 활용해 어필하도록 한다.

5 자격사항

- 외국어 구사능력은 보통 1~2년 이내 공인인증점수를 적는다. 인증점수가 없는 경우는 측정 가능한 정보를 기록해 보자.

- 자격면허는 지원분야 관련 자격 중심으로 기술하도록 하며 취득일자, 자격증명, 자격증 시행처, 발급처까지 빼먹지 않고 기입한다.

- 자격증 순서는 국가자격증, 국가공인자격증, 민간자격증 순으로 하되, 직무연관성을 우선 기준으로 한다.

<자격사항 비교 예시>

예시 1
- 정보처리기사 1급
- 영어 중급
- PC활용 가능

예시 2
- 정보처리기사 1급(한국산업인력공단, 2019. 3)
- 영어(회화: 중상급, 독해: 상급, 작문: 중급, 토익 700점, 2019. 3)
- MS-Office(워드: 상급, 엑셀: 중급, 파워포인트: 중급)

6 기타사항

- 봉사활동/인턴십/학교나 사회활동 사항들을 넣는다.

- 활동기간, 활동내용을 적도록 한다. 봉사확인서를 발급해 두는 센스도 좋다.

- 수상경력은 수상일시, 수상내용, 수여기관을 기재하고, 장학금 여부는 장학금의 주제와 수령횟수를 적는다. 보훈대상 여부는 보훈번호를 기재한다.

- 상벌사항은 대내외 행사나 대회 수상경력 등을 넣는다. 지원회사 업종과 연관되면 더욱 좋다.

7 병역사항

- 남자의 경우 군복무 사항을 함께 기재한다(군별, 계급).

- 복무 중 배치업무를 기재하고, 여자는 빈칸으로 둔다.

8 서명

- 작성한 내용이 사실임을 확인해주기 위해 "위 내용은 사실과 틀림없습니다."라고 기입한 후 마지막 부분에 작성일자와 본인 이름을 쓰고, 서명도 빠짐없이 한다.

위에 기재한 사항은 사실과 틀림없습니다.

2024년 03월 1일

지원자 성명　홍　길　동(서명)

9 이메일 이력서 발송 시 작성법

● 스팸메일로 처리되지 않도록 제목을 작성하여야 한다.

> [○○회사 ○○분야 신입직 입사지원서]
> 직무에 맞는 간단한 인사말과 함께 송부한다.
>
> **예시**
>
> 제목: [○○회사 입사지원서]
> ○○분야, 신입직 지원자 ○○○입니다.
>
> 본문: 안녕하세요. 저는 ○○회사 ○○분야에 지원하는 ○○○입니다.
> 간단한 저의 소개를 하면…
> 그럼 좋은 한 주간 되시길 기원드립니다.
> 지원자 ○○○드림 (연락처)

이메일로 접수할 경우, 메일 제목에는 입사지원 + 지원분야 + 이름을 쓴다.

본문에는 간단한 자기소개나 지원동기를 짧게 밝히는 것이 의지가 있어 보인다. 또한, 이메일 지원 시, 자신의 이름을 확인^(별명 주의) 하도록 하고, 방문접수의 경우 지원회사 요청서류를 순서대로 빠뜨리지 않도록 거듭 확인한다.

5 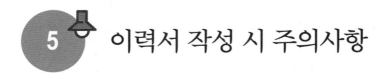 이력서 작성 시 주의사항

1 가독성 떨어지는 글자체를 사용하지 않는다.

간혹 알아보기 힘든 글자체와 자신이 좋아하는 글자체로 이력서를 작성하는 지원자들이 있다. 이력서와 같은 공식적인 문서에는 개성 가득한 글자체보다 깔끔하고 알아보기 쉬운 글자체를 선택하도록 한다. 가장 많이 사용하는 글자체는 신명조, 굴림체, 바탕체 등이 있다.

(영문: Times New Roman, Verdana, Ariel 등)

2 글자 크기를 적당히 한다.

이력서 문서의 글자 크기가 너무 작으면(8~9Point) 면접관들이 읽기 불편하고, 반대로 글씨가 너무 크면 내용이 적어서 성의 없어 보일 수 있다. 따라서 아래한글, MS-Word로 작성시, 10.5~11Point가 적당하며, 줄 간격은 150~160%로 한다.

3 불필요한 여백을 많이 두지 않는다.

최대한 성의껏 들어갈 내용을 작성한다. 회사에서 제공한 이력서 양식은 편집하면 안 되지만 이력서 양식이 자유일 경우, 빈칸이 많으면 준비가 덜 되어 있는 느낌이 들 수 있다. 예를 들어, 자격증란이 양식에 포함되어 있을 경우, 자격증이 하나도 없다면 과감히 자격증

양식을 없애는 것이 낫다.

4 신입의 경우 희망연봉을 작성할 때 회사내규, 내부협의 등을 사용한다.

간혹 금액을 정확히 적어내야 하는 경우가 있는데, 이때는 업계 평균금액을 알아보고 회사 금액과 차이가 많이 나지 않도록 적는 것이 낫다. 아무것도 검증되지 않은 신입을 뽑으면서 무리하게 높은 연봉을 줄 회사는 많지 않다.

5 서식 정리를 하고, 오탈자를 확인한다.

전체적인 서식을 깔끔하게 맞추고 오타를 없게 하는 것은 가장 기본이다. 오탈자는 단순한 문제가 아니고 성의 문제다. 하지만 많은 지원자들이 이런 기본부터 안 되어 있는 경우가 많다. 취업이라는 관문에서 가장 중요한 서류인 이력서부터 실수가 많다면, 회사에 채용된 후에도 중요한 서류에 오탈자가 많을 것으로 예측이 되어 뽑지 않는다. 항상 기본부터 충실하도록 하자.

워크시트

이력서 작성

■ 인적사항

사진
(6개월 이내의
정장사진)

지원분야		희망연봉	
이름(한글)		이름(영문)	
휴대폰		E-mail	
생년월일			
주 소			

■ 학력사항

재학기간	학교명	전 공	학 점	졸업구분	소재지

■ 경력사항

기 간	기관명	내 용

■ 자격사항

자격/면허	등 급	발행처	취득일

위에 기재한 사항은 사실과 틀림이 없습니다.

월   일   성 명 :   ○○○   (서명)

워크시트

이력서 심사	
합 격	불합격

진로와 취업전략

진로와
취업전략

Chapter 8 자기소개서

학습 내용   합격하는 자기소개서란?
자기소개서의 각 항목별 구체적인 작성방법을 익힌 후, 작성한다.

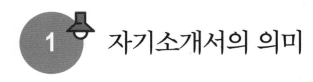

1 자기소개서의 의미

기업은 자기소개서를 통해 이력서에서는 확인하기 어려웠던 지원자의 인생관, 성격, 장래성, 대인관계, 적응력 등을 확인한다. 자신이 살아온 환경과 성장과정을 어떻게 이해하고 있으며, 자신의 성격이 어떠한지, 자신이 지원한 회사와 직무에 대해 얼마나 이해하고 입사의지를 가지고 있는지, 앞으로 우리 회사에 유망한 인재로서 성장할 가능성 등 이력서보다 개인을 보다 깊이 이해할 수 있는 문서이기 때문에 전략적으로 자신을 홍보하는 글쓰기를 해야 한다.

✔ 내가 어떤 사람인지 보여주는 PR도구

✔ 면접기회 여부를 결정짓는 핵심 서류

✔ 면접 시 지원자를 공식적으로 소개하는 기초자료

✔ 지원자의 종합적 요약서

✔ 면접을 볼 지원자 선별을 위한 비교 도구

✔ 면접질문의 질문지

지원자 입장에서

기업 입장에서

자기소개서 사전 체크

- 입사서류 형식(회사/자유)이 무엇인지 확인하였는가
- 분량제한을 확인하였는가
- MS WORD인지 HWP인지 확인하였는가
- 마감날을 정확히 확인하였는가

2 자기소개서의 기본요소와 작성법

자 기 소 개 서

▶ 성장과정

▶ 지원동기

▶ 성격의 장단점

▶ 학교생활/ 경력사항

▶ 입사후 포부

_____ 년 __월 __일 지원자 _____ (인)

---

1 성장과정

자기소개서 첫 부분에 위치하는 경우가 많다. 지원자의 자라온 환경과 인성, 성장과정 중 자신의 가치관 형성에 영향을 끼친 이야기, 부모의 교육철학, 어렸을 때의 꿈과 희망 등을 엿볼 수 있다. 특히 기업의 인재상과 관련된 어렸을 때의 남달랐던 재미있는 에피소드, 지원직무에 흥미를 보인 시기와 에피소드를 중심으로 언급하면 좋다. 지나치게 부정적인 사건 위주로 순진하게 기술하지 않도록 한다.

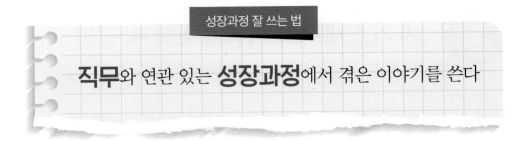

성장과정 잘 쓰는 법

직무와 연관 있는 성장과정에서 겪은 이야기를 쓴다

항 목	내 용
성장과정	- 직무에 관심을 갖게 된 계기 - 지원기업에 관심을 갖게 된 계기 - 자기인생의 기초가 되는 가정환경, 부모님의 교육철학 - 장황한 서술을 피하며, 되도록 남들과 다른 새로운 이야기 언급 - 특별히 기억에 남는 일이나 경험 등을 간략하게 요약하면서도 핵심을 잘 제시한다.

2 지원동기

어느 회사나 중요하게 생각하는 항목으로 앞쪽에 배치되어 있는 경우가 많다. 인사담당자 입장에서 어떤 이유로 우리 회사에 근무하고 싶어하는지 알아보고자 하기 때문이다. 지원분야와 직무선택의 동기와 이유를 작성한다. 일반적인 이유 말고, 어떤 이유로 이곳에 왔다는 나만의 특별한 동기가 좋으며, 지원하는 간절함과 특별함이 묻어나도록 한다. 회사와 남다른 인연, 지원분야와 회사에 관심을 가지게 된 계기, 준비해온 과정을 강조하면서 쓰면 돋보일 수 있다.

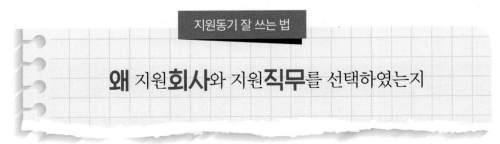

지원동기 잘 쓰는 법

왜 지원회사와 지원직무를 선택하였는지

항 목	내 용
지원동기	- 지원직종 및 지원회사의 최근 동향을 토대로 작성 - 회사에 대한 사업내용, 경영이념, 인재상, 비전 등을 수집한 뒤 실현가능성, 구체성, 측정 가능한 비전 등을 제시 - 자신의 적성과 비전을 제시하여 지원회사의 업종, 특성 등에 자신의 전공, 성격, 희망업무를 연관시켜 지원동기를 구체적으로 밝혀준다.

3 성격의 장단점

우리 회사 직무에 어울리는 인재상인지 알아보는 항목이다. 우리 회사에서 장점을 어떻게 발휘할 수 있는지, 본인의 장점 중 직무 수행에 강점이 될 만한 부분을 부각시켜 적는다.

즉, 자신이 지원분야에 적합한 역량과 성격특성을 중심으로 예시를 들어가며 작성하는 것이 좋다. 단점을 쓸 때에는 장점의 분량보다 적게 작성하며, 단점을 극복하고자 하는 노력을 함께 쓰도록 한다. 직무에 치명적인 단점은 피하도록 한다.

성격 잘 쓰는 법

직무에 도움되는 성격을 쓴다

항 목	내 용
성격의 장단점	- 직무에서 요구하는 장점 위주로 기술 - 기업 입장에서 해당 직무에 적합/부적합 성격 유무를 살피게 됨 - 장점으로 얻을 수 있었던 성공사례 구체적 기술 - 단점 그 자체는 간단히 기술하되, 보완점을 함께 제시

4 학교생활 또는 경력사항

자신의 실질적인 역량을 파악하는 자료가 될 수 있다. 재학생의 경우, 특별한 경력이 없을 경우에는 단순한 경험만 기술하지 말고 지원한 업무와 연관시켜 전공을 풀어나가는 것이 좋다. 경험 속 자신이 가졌던 호기심과 문제의식이 스스로를 어떻게 변화시켰으며, 현재 자신의 관심분야와는 어떤 상관관계가 있는지 구체적으로 기술하는 것이 좋은 방법이다.

경력사항은 직무에 직접적으로 연관이 있는 경험이면 좋다. 경험을 통해 배운 점을 토대로 지원회사에 어떻게 이바지할 수 있을지 중점을 두어 설명하면 된다.

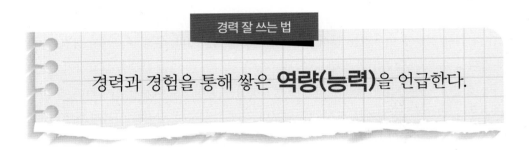

경력 잘 쓰는 법

경력과 경험을 통해 쌓은 **역량(능력)**을 언급한다.

항 목	내 용
학창시절 및 경력사항	- 해당 직업에 대한 적합도 판단 - 취업준비 상태, 경험사항, 활동사항 등을 통해 지원자의 축적된 능력을 파악 - 경험을 통해 실무 업무 소양 강조(동아리, 교내외활동, 수상경력, 여행, 아르바이트, 인턴 경험을 통해 지원업무에 필요한 핵심역량 강조)

예시

대학교 1학년 때 커피전문점에서 아르바이트를 하였습니다. 주인정신으로 최선을 다한 결과, 시간이 흐르면서 고객이 저를 알아봐 주고 커피를 구매하는 일이 많아졌습니다. 고객의 취향을 파악하고 원하는 것을 주문해 주면서 고객은 만족했고 맛있게 커피를 즐기고 갔습니다. 커피전문점 근무를 통해서 매장에서 항상 밝고 긍정적으로 고객을 만나면서 고객응대하는 법을 배웠고 고객만족을 이루어내는 실전 경험을 하면서 서비스정신을 몸에 익힐 수 있었습니다. 이때부터 고객과 함께 하는 일은 잘할 수 있다는 자신감이 생겼습니다.

5 입사포부

지원회사에 입사하여 어떤 포부를 가지고 있는지 앞으로의 가능성과 비전을 확인하는 부분이다. 비전이 우리 회사 공동의 목표와 일치하면 좋으며, "최선을 다하겠다.", "열심히 하겠다."와 같은 추상적인 말보다는 구체적으로 내가 어떤 영향을 미칠 것인지 어떤 역량을 펼칠 것인지 포부를 쓴다. 전략적 개념을 제시하며 구체적인 근무부서와 도전적인 목표를 제시한다.

항 목	내 용
입사 후 포부사항	- 선택한 업종/직무에 대한 목표 성취나 개발을 위해 가지고 있는 계획을 상세히 기술 - 희망업무를 통해 몸담을 조직에 기여할 방안 제시

3 자기소개 작성 시 주의사항

성장과정

특별히 남달랐던 부분만을 핵심적으로 간단히!

성격소개

장단점 기술하되, 단점을 극복하려는 노력 부각!

학창시절 및 경력사항

지원분야와 관련된 경력을 강하게 부각!

지원동기 및 입사 후 포부

지원한 기업만을 위한 지원동기를 자기 비전과 결합하여 제시!

성격소개
- 객관적으로 작성한다.
- 과장된 내용이나 허위사실을 기재해서는 안 된다.

표현이 명료한 글
- 자기소개서는 제한된 지면에 자신의 장점을 최대한 표현한다.
- 결론을 두괄식으로 요약하고, 예를 드는 표현법이 좋다.

지원기업(직종)에 맞추어 작성한 글
- 기업 입장에서 무엇을 할 줄 알고, 입사 후 무엇을 잘하겠다는 판단이 서도록 작성한다.
- 지원기업 관련 에피소드를 넣으면 좋다.

❶ 자기소개서는 마지막까지 꼼꼼하게 퇴고하고 점검해야 한다.

가장 많이 하는 실수 중 하나는 채팅용어와 이모티콘을 쓰는 경우인데, 이모티콘은 젊은 층 문화이긴 해도 공식문서이기 때문에 감점요인이 되니 쓰지 않도록 한다.

❷ 예전에 사용했던 자기소개서를 다시 쓰게 될 경우 날짜 수정을 꼭 기억한다.

❸ 제한된 글자 수를 90% 이상은 채운다.

❹ 지원자 폭주, 서버 다운에 대비해 미리 준비해라. 임시저장 버튼을 활용해라.

❺ 별도의 파일로 내용을 먼저 작성하여 저장해둔 후 지원서류를 옮기는 수고를 아끼지 마라.

쉬어가기

자기소개서에서 피해야 하는 서술 기법

- 문장 첫 머리에 '저는', '나는' 으로 시작, 2000년에 ~에서 태어난 (x): 흥미롭지 못하다.
- 성격의 장점은 책임감이 있고 성실하다 (x): 어느 직종에서나 가능한 뻔한 장점이다.
  - 소제목은 반드시 쓸 것!
- 굉장히, 매우 (x): 표현이 명확하지 않다. 과장을 잘하는 사람으로 보인다.
- ~일지도 모릅니다. ~같습니다.: 표현이 명료하지 못해 자신 없거나 우유부단해 보인다.
- 뽑아만 주시면, 열심히 어떤 일이든지: 직업목표가 불명확해 보인다.
- 경험은 부족하지만 최선을 다하겠습니다: 부족하지 않은 인재를 원한다.

워크시트

자기소개서 작성 준비

성장과정

항 목	내 용
성장과정	성장과정 중 직무에 관심을 갖게 된 계기(에피소드)가 있는가?
	성장과정 중 지원기업에 관심을 갖게 된 계기(에피소드)가 있는가?
	자기 인생의 기초가 되는 가정환경, 부모님의 교육철학은 무엇인가?

워크시트

성격의 장단점

항 목	내 용
성격의 장단점	직무에서 요구하는 장점 중 나와 공통된 장점은?
	그 장점으로 얻을 수 있었던 성공사례를 구체적으로 기술하시오.
	직무에 피해되지 않을 단점은?
	단점을 극복할 수 있는 해결책, 보완방법은?

워크시트

자기소개서 작성 준비

학창시절 및 경력사항

항 목	내 용	
학창시절 및 경력사항	학업에 충실하고 있는가? 대학생활 동안 관심 있는 분야에 대해 적극적으로 행동을 취한 일은?	
	교내외 활동은 무엇인가? 그 경험을 통해 배운 점은?	
	동아리 활동을 경험하였나? 그곳에서 구체적으로 무엇을 경험하였고 배운 점은?	
	사회경험, 직장생활, 아르바이트, 인턴 경험이 있는가? 그곳에서 맡은 임무 와 배운 점은?	
	여행을 다녀온 곳이 있는가? 그곳에서 배운 점은?	

워크시트

지원동기와 입사포부

항 목	내 용	
지원동기	지원직종 및 지원회사의 최근 동향에 대해 아는 대로 쓰시오. (사업내용, 경영이념, 인재상, 비전 등)	
	지원회사나 지원직무에 관심을 보이게 됐던 계기는?	
입사 후 포부사항	선택한 업종/직무에 대한 단기·중기·장기 목표를 정해보시오.	
	희망업무를 통해 몸담을 조직에 기여하기 위해 어떤 노력을 할 것인가?	

워크시트

자기소개서

1. 성장과정 - 소제목 [	]

2. 성격의 장단점 - 소제목 [	]

3. 학교활동사항 및 경력사항 - 소제목 [	]

4. 지원동기 및 입사포부 - 소제목 [	]

진로와
취업전략

Chapter 9

NCS역량기반 입사지원서

1 NCS기반/역량기반 채용

1 NCS기반/역량기반 채용이란?

기업이 직무와 무관한 불필요한 스펙 대신 역량을 기준으로 인재를 선발하는 채용모델이다. 즉, 해당 업무를 잘 수행할 수 있는 역량 중심으로 채용하는 것을 말하는 것으로, 최근 공공기관이나 지방공기업은 채용 시 공정한 평가를 실시하기 위해 역량기반 채용, 능력중심 채용제도(NCS기반)를 실시하고 있다.

2 NCS(National Competency Standards)란?

산업현장에서 직무를 수행하기 위해 요구되는 지식, 기술, 태도 등의 내용을 국가가 체계화한 것으로 직업기초능력과 직무수행능력으로 나누어진다.

3 NCS 도입배경

학점, 토익, 어학연수 등 무분별하게 과도한 스펙 쌓기로 시간과 비용을 할애하며 몰두하는 것이 아니라 자신의 적성에 맞는 직무를 사전에 학습하고 업무의 효율성을 높일수 있는 인재를 양성하도록 하는 취지로 정부가 도입하였다.

▲ NCS기반 능력중심채용 절차

 NCS기반 능력중심채용 절차

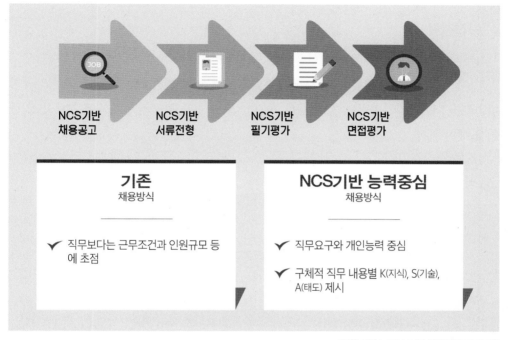

출처 고용노동부 청년취업역량프로그램

1) 채용공고

채용공고를 통해 모집분야, 채용인원, 지원자격, 근무조건, 우대사항 등을 확인하고 채용 분야의 직무기술서를 통해 필요한 지식·기술·태도를 파악한다.

2) 서류전형

입사지원서^(인적사항, 교육, 자격, 경력 및 경험사항 등), 경험 및 경력기술서, 자기소개서^(지원동기, 조직 적합성, 직업기초능력평가)로 구성되어 있다.

입사지원서는 직무기술서를 바탕으로 요구하는 교육사항, 경험 및 경력사항, 자격사항 등을 빠짐없이 기재하고, 경험 및 경력기술서나 자기소개서는 직무에서 갖춰야 할 능력이나 직무관련 경험·활동 중심으로 작성하는 것이 좋다.

3) 필기전형

채용공고에 명시된 필기 전형방식을 파악한다.

해당 직무의 직업기초능력/직무수행능력 필기검사를 준비한다.

4) 면접전형

직무에 대한 동기와 직무 적합성을 중심으로 준비하여야 한다.

직무능력과 관련된 경험^(경험면접), 업무수행과정에서 발생 가능한 상황에 대한 대처방법^(상황면접), 특정 직무관련 주제에 대한 의견^(PT, 토론면접) 등을 중심으로 구조화된 면접 준비를 해야 한다.

 기존 채용과 NCS 기반 능력중심채용

채용공고	• 모집부문, 담당업무, 지원요건 및 우대사항 • 예시: 사무직 ○○명	• '직무기술서'
서류전형	• 직무와 무관한 개인정보 및 스펙(가족사항, 해외 경험 등)	• 직무능력 검증에 필요한 항목(교육사항, 경험 및 경력사항, 자격사항 등)
필기전형	• 표준 인·적성검사	• 직업인 기본 소양, 업무능력(NCS 직업기초능력평가 등)
면접전형	• 일반적인 구조화 면접	• 직무능력을 검증하기 위한 구조화된 면접(경험면접, 상황면접, PT면접, 토론면접 등)

 NCS기반 능력중심채용 기본 입사서류

NCS기반 입사지원서	NCS기반 면접평가	NCS기반 자기소개서

인적사항
- 지원자 식별 및 관리를 위한 최소 정보

교육사항
- NCS교육 훈련사항

자격사항
- NCS관련 자격사항

경력 및 직무관련
- NCS관련 경력과 직무관련 사항

경험기술서
- 입사지원서에 기술한 직무관련 경험 내용 상세 기술
- 본인이 수행한 활동 내용, 조직이나 활동에서의 역할, 활동결과 기술

경력기술서
- 입사지원서에 기술한 직무 관련 경력 내용을 상세 기술
- 직무와 관련된 활동, 경험, 수행 내용 및 역할, 구체적 행동, 주요 성과

자기소개서 도출
- 지원동기(조직/직무)
- 조직적합성(핵심가치/인재상)
- 직무적합성(직무역량)

※ 자기소개서를 직무와 관련한 내용으로 질문형식 작성 가능

출처 워크넷, 고용노동부 청취력

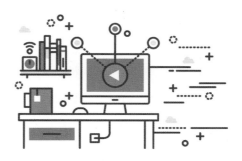

2 NCS기반 능력중심 입사지원서 작성

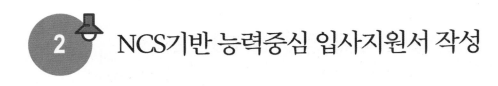

NCS기반 입사지원서는 해당 직무와 관련된 최소한의 개인정보와 직무역량을 파악할 수 있는 사항들로 이루어져 있다. 인적사항, 교육사항, 자격사항, 경력 혹은 경험사항 등 크게 4가지로 이루어져 있다.

 NCS기반 입사지원서 양식 예시

입사지원서

* 희망 업종 및 직종:

사 진 (3 x 4)	이 름		영 문		한 문	
	휴대폰			이메일		
	주 소					
	보훈대상	대상( ) / 비대상( )		병역사항		
	보훈번호					

교육사항 *지원분야와 관련한 내용을 배운 학교교육을 기재하십시오.

과목명	주요 내용	단위학점(학점시수)	이수평점

직업교육사항 *지원분야와 관련한 능력을 습득하기 위해 받은 직업교육이 있다면 해당 내용을 기재하십시오.

교육명칭	주요 내용	교육기관	이수시간

자격사항 * 직무 또는 직무능력과 관련된 자격증이 있다면 기입해주십시오.

취득일	자격증 / 면허증	자격번호(등급)	발행처

경력 사항 * 지원 분야와 관련된 경력(금전적 보수를 받고 일정기간 동안 일했던 이력)을 기재하십시오.

기간	소속 기관	직위	수행 업무

경험 사항 * 지원 분야와 관련한 경험(보수를 받지 않고 수행한 활동)을 기재하십시오. 팀프로젝트, 과제수행, 동아리, 교외활동 등에서 수행한 활동이 포함될 수 있습니다.

소속조직	활동기간	주요역할	경험내용

■1 인적사항

수험번호와 지원분야, 성명과 주소, 이메일, 연락처 등을 작성하며, 입사지원서에서는 평가하지 않는다.

■2 교육사항

교육사항은 크게 직무와 관련된 학교교육과 직업교육 두 가지를 쓰도록 되어 있다.

직무에 대한 지원자의 관심을 평가하기 위한 항목이며, 지원하고자 하는 분야의 학교 전공교육 이외에 기타 교육을 기입할 수 있기 때문에 전공 제한 없이 기타 교육을 이수하여 지원이 가능하도록 기회를 제공하고 있다. 지원직무와 관련된 교과목 이외에도 해당 직무와 관련된 직업교육을 받는 것이 좋다.

■3 자격사항

채용공고문 및 직무설명자료에 제시되어 있는 자격현황을 토대로 지원자가 해당 직무를 수행하는 데 필요한 능력을 가지고 있는지 판단하기 위한 항목이다. 해당 직무자격만 명시할 수 있기 때문에 NCS 세분류별로 제시되어 있는 자격현황을 참고하는 것이 좋다.

■4 경력 또는 경험사항

직무와 관련된 경력이나 경험 여부를 보고 직무능력이 잘 갖추어진 인재인지 확인하기 위한 항목이다. 경력은 금전적 보수를 받고 일정기간 동안 일을 했을 경우를 의미하고, 경험은 금전적 보수를 받지 않고 활동한 것을 의미한다. 서류에 합격한 이후 경력·경험사항을 토대로 면접이 진행되는 경우가 많기 때문에 중요한 항목이다.

NCS 채용 서식 vs 블라인드 채용 서식

| NCS 채용 서식 | 블라인드 채용 서식 |

NCS 채용 서식

1. 인적사항

| 수험번호 | | | 지원분야 | |

개인정보

성명(한글)			성명(한자)		
성명(영문)	이름 :	성 :			
생년월일	년 월 일 (만 세)				(사진첨부)
현주소					
이메일					
휴대폰	( )-( )-( )				
보훈여부	□대상 □비대상 보훈번호 ( )	가점 5% ( ) 가점 10% ( )			
장애여부	□대상 □비대상 장애종류 ( )	급수 ( )급			

2. 교육사항

학력	전공(계열)	학교소재지	비고
고등학교			
대학교			
대학원(박사)			

학교교육

| 과목명 | 단위학점 | 이수평점 | 주요내용 |

직업교육

| 교육명 | 교육기관 | 이수시간(H) | 주요내용 |

3. 자격사항

| 자격증명 | 자격(면허)번호 | 발행처 | 취득일자 |

4. 경력 또는 경험사항

경력사항

| 기관명 | 근무기간 | 직위 | 담당업무 |

경험사항

| 소속조직 | 활동기간 | 주요역할 | 경험내용 |

경력 및 경험 기술서

| |

NCS기반 자기소개서

| |

블라인드 채용 서식

1. 인적사항

지원구분	신입 ( ), 경력 ( )	지원직무		접수번호	
성명	(한글)				
현주소					
연락처	(본인휴대폰)	전자우편			
	(비상연락처)				
최종학교 소재지	*지역인재 우대 응시자	가점항목	□ 장애대상	□ 보훈대상	

2. 교육사항

* 지원직무 관련 과목 및 교육과정을 이수한 경우 그 내용을 기입해 주십시오.

교육구분	과목명 및 교육과정	교육시간
□ 학교교육 □ 직업훈련 □ 기타		
직무관련 주요내용		

3. 자격사항

* 지원직무 관련 국가기술/전문자격, 국가공인민간자격을 기입해 주십시오.

| 자격증명 | 발 급 기 관 | 취득일자 | 자격증명 | 발 급 기 관 | 취득일자 |

4. 경험 혹은 경력사항

* 지원직무 관련 경험 혹은 경력사항을 기입해 주십시오.

| 구분 | 소속조직 | 역할 | 활동기간 | 활동내용 |
| □ 경험 □ 경력 | | | | |

* 직무활동, 동아리/동호회, 팀 프로젝트, 연구회, 재능기부 등이 주요 직무경험을 서술하여 주십시오.

| 직무관련 주요내용 |
| |

3 최근 역량기반 자기소개서

① 역량기반 자기소개서 특징

- 답변 내용과 글자 수에 제한을 둔다.
- 구체적 질문에 주제가 있는 답변 쓰기가 많다.
- 활동경험에 대한 구체적 서술을 요구한다.
- 글로벌 비즈니스에 적합한 인재 요구 질문을 한다.

입사지원서	*희망 업종 및 직종:
학교를 다니면서 당신이 그려보았던 꿈이나 일(직업)에 대해 말씀해주십시오.	
· 그 꿈은 무엇이며 왜 그것을 꿈꾸었습니까? (200자 이내)	
· 그 꿈을 실현하기 위해 노력한 행동은 무엇입니까? (200자 이내)	
· 그러한 노력의 결과는 어떠했고, 현재도 그러한 노력을 계속하고 계십니까? (200자 이내)	

역량기반지원서
우리는 반복적인 일상을 살아가면서도 때로는 높은 목표를 설정하고, 그 목표를 성취하기 위해 노력하기도 합니다. 이와 같이 열정을 가지고 높은 목표를 성취하기 위해 노력했던 본인의 사례를 작성해 주십시오.
· 어떠한 상황(배경) 속에서 그 일을 하게 되었습니까? (200자 이내)
· 구체적으로 어떠한 일을, 어떻게 행동하였습니까? (200자 이내)
· 열정을 다해 행동한 결과는 어떠하였습니까? (200자 이내)

❷ 역량기반 자기소개서 예시

- 본인이 우리 사회 또는 ○○에 대해 변화가 필요하다고 느끼는 사항은 무엇입니까? 그 문제에 대해 창의적인 방법을 통해 개선을 이루어낼 수 있는 아이디어가 있다면 구체적으로 기술하여 주십시오.^(띄어쓰기 포함, 400자 이내)

- 많은 직장 중 항공사를 선택하게 된 이유와 특히 ○○항공에 지원하게 된 동기와 입사포부를 구체적으로 기술하시오.^(800자)

- 귀하가 가진 역량^(지식, 언어, 경험, 사고, 아이디어, 네트워킹)에 대해 기술하여 주십시오.^(300자 이상 700자)

4 역량기반 자기소개서 STAR 작성 기법

STAR란?

Situation(상황): 직면한 상황과 문제에 대한 설명

Task(과업): 그 상황에서 자신이 맡은 역할과 책임

Action(행동): 자신이 취한 행동(예 절약했다. 재조정했다.)

Result(결과): 이루어낸 성과, 성공 여부와 상관없이 이 경험을 통한 배움 및 깨달음

워크시트

역량기반 자기소개서 준비

요구역량	행동경험

워크시트

STAR 작성표

희망 업종 및 직종: _____

요구역량	내 용
행동경험/사건	
Situation(상황)	
Task(과업)	
Action(행동)	
Result(결과)	
향후, 개인측면/ 업무측면에서 적용 가능한 점은?	

5 블라인드 채용과 표준 이력서 자소서

1 블라인드 채용이란?

입사서류에 출신학교, 학점, 어학점수 등 기본 스펙 평가요소를 배제하고, 면접을 통해 능력과 역량을 평가·확대하는 채용 전형이다. 2017년에 공공기관에서 일부 진행되었으나, 2018년에 공공기관 전체 도입으로 확대되었다.

- 채용과정(서류·필기·면접)에서 편견이 개입되어 불합리한 차별을 야기할 수 있는 출신지, 가족관계, 학력, 외모 등의 항목을 걷어내고 지원자의 실력(직무능력)을 평가하여 인재를 채용
- 블라인드 채용은 ① '차별적인 평가요소를 제거'하고, ② '직무능력을 중심으로 평가'하는 것

[출처] 공공기관 블라인드 채용 가이드라인 (2017.7 관계부처)

블라인드 채용은 지원자를 평가하지 않는다는 것은 아니다.

직무능력중심 평가 + 차별요소 제외 = 블라인드 채용

블라인드 채용의 평가요소^(평가항목, 평가기준)는 직무를 수행하는 데 필요한 역량이다.

평가기준 = 직무수행에 필요한 직무능력

블라인드 채용은 기존 직무중심채용 프로세스와 동일

(단, 모든 과정에서 차별적인 요소를 제외하는 활동이 추가)

채용설계	모 집	선 발
직무능력 정의 및 직무기술서 개발 전형설계 차별요소 결정	채용공고 모집과정 차별요소 삭제 지원서 접수 관리	서류, 필기, 면접 등 채용과정을 통한 직무적합 인재선발 구조화된 면접도구

② 블라인드 채용 입사서류의 종류와 평가

블라인드 채용의 서류전형에서는 입사지원서, 자기소개서 외 경험기술서, 경력기술서, 포트폴리오 등으로 평가한다.

입사지원서 ↖

기업이 지원자를 평가할 목적으로 직무 관련 사항을 기재토록 하는 지원서로 인적사항, 교육사항, 경력사항, 자격사항 및 직무 관련 사항을 작성한다.

자기소개서 ↖

기업의 핵심가치, 인재상과 관련된 사항을 확인할 수 있도록 구체적으로 설계된 지원자 소개서이다.

경험기술서 ↖

입사지원서에 기재한 경험사항을 보다 상세하게 기술한 기술서로 직무와 관련하여 지원자가 경험한 내용을 기술하면 된다.^(ex. 동아리, 동호회, 대회참여 등)

경력기술서 ↖

입사지원서에 기재한 경험사항을 보다 상세하게 기술한 기술서로
입사하는 기업의 직무와 관련된 업무수행 경력을 기술한다.^(ex. 4대보험 가입이 증명되는 경력사항 등)

포트폴리오 ↖

지원자의 직무 관련 특정 역량을 확인할 수 있는 대표적인 산출물로 논문, 홈페이지, 디자인 시안, 음원, 동영상, PPT 등을 준비한다.

표준이력서 및 자기소개서 예시

표준 이력서(안) 및 자기소개서

<필수항목>

지원자 성명	한글		
	영문		

주소 (우편번호) (현 거주지)			

연락처	전화번호	전화	휴대전화
	전자우편		

주요 경력사항	회사명	담당업무(직무내용)	근무기간(연, 월)
			년 월 ~ 년 월
			년 월 ~ 년 월

자격증 및 특기사항	관련 자격증		(년, 월 취득) (년, 월 취득)

자기소개 등 활동사항	

취업지원 대상자 여부	보훈번호		
장애인 여부	장애종별	등급	장애인 등록번호

저소득층 여부	구분	「국민기초생활보장법」상 수급자	「한부모가족지원법」상 보호대상자
	해당여부		

③ 기존 면접과 블라인드 면접의 차이점

블라인드 면접은 공정한 평가를 위해 구조화된 면접으로, 기존 면접과 달리 지원자의 지원 직무와 관련된 역량과 경험에 집중해서 면접을 진행한다. 지원자는 자신의 직무역량과 경험을 어필하며 답변하도록 하고, 면접관의 관심을 유발하고 긍정적인 추가 질문을 받을 수 있는 방향으로 면접, 답변하도록 노력한다.

쉬어가기

NCS 직무기술서

직무기술서는 해당 직무의 목적과 업무의 범위, 주요 책임, 요구받는 역할, 직무 수행 요건 등 직위에 관한 정보를 제시한 문서를 말한다.

👍 직무기술서의 구성요소

직무, 능력단위분류번호, 능력단위, 직무목적, 직무 책임 및 역할, 직무수행요건으로 구성

정보 제공을 위해 개발날짜, 개발기관을 추가 제시

👍 구성요소 세부내용

- 능력단위분류번호
- 전체 직무구조 관리를 위한 직무 고유의 코드번호 능력단위
- 수행하고자 하는 능력단위의 명칭, 직무목적
- 직무를 수행함으로써 이루고자 하는 직무의 목적, 개발날짜
- 개발된 연, 월, 일과 개발기관
- 직무기술서를 개발한 기관의 직무 책임 및 역할
- 직무에 대한 책임 및 역할(영역 분류 및 상세 내용), 직무수행요건
- 직무를 수행하기 위하여 개인이 일반적으로 갖추어야 할 사항
  - 학력, 자격증, 지식 및 스킬, 사전 직무경험, 직무숙련기간

<직무기본정보 서식>

▶ 직무기본정보

직무		능력단위 분류번호	
		능력단위	
직무목적			
개발날짜		개발기관	

▶ 직무 책임 및 역할

주요업무	책임, 역할

▶ 직무 수행요건

지 식	
기 술	
태 도	

📌 직무기술서 작성방법

❶ NCS 조사·분석

직무기술서 작성을 위해 관련된 NCS의 능력단위, 능력단위분류번호, 능력단위 정의, 수행준거 등을 조사한다.

❷ 직무기본정보 작성

직무기본정보 서식: 직무, 능력단위분류번호, 능력단위, 직무목적, 개발날짜, 개발기관

▶ 직무기본정보

작성방법   ① 직무: NCS 분류표의 세분류(직무)명 기재

           ② 능력단위분류번호: NCS 직무의 능력단위분류번호 기재

           ③ 능력단위: NCS 직무의 능력단위 기재

           ④ 직무목적: NCS 직무의 능력단위 정의를 활용하여 '~하기 위함'으로 표현

           ⑤ 개발날짜: 직무기술서 개발날짜 기재

           ⑥ 개발기관: 직무기술서 개발기관명 기재

▶ 작성방법

① 학습경험   정규학습(고등학교, 전문대학, 대학, 대학원 등)과 해당 학습에 대한 전공 또는 분야 제시 - 비정규학습(능력개발 향상훈련과정 등)의 세부내용 제시

② 자격증   관련 국가기술자격, 국가자격, 민간자격(공인자격 또는 국제적으로 통용되는 자격에 한하여 기술)을 제시

③ 지식·기술   NCS 능력단위의 지식·기술 내용을 참고하여 작성

④ 사전직무경험   해당 직무와 관련된 경력에 관한 내용 제시, 평생경력개발체계도를 참고하여 작성

⑤ 직무숙련기간   해당 직무를 습득하기 위한 기간을 NCS 수준체계 및 평생경력개발체계도를 참고하여 작성

진로와 취업전략

진로와
취업전략

Chapter 10 면접준비

학습 내용   면접의 중요성과 면접의 다양한 유형에 대해 살펴보고
각 유형별로 대비한다.

1 면접의 의미

면접이란 지원자와 직접 얼굴을 맞대고 지원자의 자질과 인성, 능력, 발전가능성 등을 종합적으로 평가하는 구술시험이다. 보통 서류전형과 필기전형 통과 후, 해당 기업과의 궁합이 맞는지 심층적으로 알아보는 과정으로 최종 검증과정을 거치는 취업의 마지막 관문이다. 최근 서류와 필기보다 면접시험의 비중이 더욱 높아지고 있고 면접에서 어떤 답변을 어떻게 하느냐에 따라 최종합격 여부가 판가름되기 때문에 취업에서 중요성을 인지하고 철저한 준비와 연습이 필요하다.

시대와 산업기술이 빠르게 발전하고 있는 만큼 면접의 형태도 변화하는 추세이다. 최근 기업의 채용과정은 스펙을 우선시하기보다는 기업의 조직문화와 가치에 적합한 직무중심의 인재를 뽑는 것이 트렌드이다. 따라서 과거 경험을 토대로 앞으로의 역량과 성과를 예측하는 방식, 일명, 역량면접이 주로 사용된다. 제한된 시간 안에 지원자를 꼼꼼히 살펴보기 위하여 심한 압박감을 주거나, 예상치 못한 질문을 던지는 등 질문의 형태가 다양해지고 있으며, 면접의 방식 또한 일대일 면접부터 일대다, 다대다, 토론면접, 프레젠테이션 면접, 함께 등산이나 요리를 하는 등의 다채로운 면접의 형태로 확대되고 있다.

면접의 취지

1. 현재의 역량 + 미래의 잠재력 발굴
   우리 회사에서 열심히 일해 기여할 수 있는 사람인가
2. 회사 분위기에 잘 적응하고 원만하게 지낼 수 있는 사람인가
3. 어려움을 주도적이고 창의적으로 해결할 수 있는 사람인가

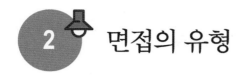

2　면접의 유형

1 단독면접

심층적으로 한 개인에 대해서 알아가는 면접이다. 지원자 한 사람과 면접관 한 사람이 개별적으로 질의응답하는 방식으로 많은 시간을 지원자 1인에게 할애하므로 그만큼 철저한 준비가 요구되고, 높은 긴장감을 유발한다. 전공보다는 인성파악이 주가 되는 경우가 많다. 따라서 경청 사용법에 유의하도록 하자.

2 일대다 면접

면접관 여러 명이 한 사람을 불러 놓고 질문하는 개별면접 형식이다. 평가의 객관성을 유지하고 한 사람의 다양한 면을 골고루 알아볼 수 있다는 장점이 있다. 면접관 여러 명이 한 사람의 지원자에게 성격, 전공, 상식, 가치관, 직업관 등 전반적인 면을 질문한다. 면접관이 여럿이어서 지원자가 긴장하고 당황하기 쉬우니 어떤 경우에도 침착할 수 있도록 해야 한다. 대기시간에 충분히 긴장감을 풀고 자신감을 갖도록 하자.

3 다대다 면접

면접관 여러 명이 수험생 여러 명을 한꺼번에 평가하는 방법으로 여러 명을 동시에 비교 관찰할 수 있다. 이 경우에는 자신의 차례가 돌아오는 기회가 일대일 면접보다 적을 수밖에 없다. 따라서 대답할 기회가 많지 않으므로, 자신의 장점을 제대로 보여줄 기회를 놓치지 않도록 하는 것이 중요하다. 다른 지원자와 차별화할 수 있는 전략이 필요하며, 자신만의 개성 있는 답변을 미리 준비하는 것이 좋다.

4 집단토론

주어진 주제에 대해서 6~8명 정도의 지원자가 토론하는 방식이다. 찬반토론이 일반적이지만 한 가지 시사적 이슈에 대해서 자신의 생각을 논리적으로 발표하는 것이 요구되기도 한다. 타인의 의견을 얼마나 잘 경청하고 자신의 논리를 피력하는지가 관건이며, 인신공격을 한다거나 자신의 주장만 되풀이하는 태도, 줏대 없이 이런저런 의견으로 옮겨가는 태도 등은 모두 감점대상이 될 수 있으니 주의한다.

자신의 논리를 확실한 근거를 통해 설득력 있게 주장하되, 다른 사람의 말을 잘 경청하는 자세를 보이는 것이 중요하다. 토론 속에서 개인의 리더십과 판단력, 설득력, 협동성까지 종합적으로 평가된다. 내가 지원하는 기업이 토론면접을 본다면, 평소에 최근 이슈에 대하여 자신의 생각을 일목요연하고 논리적으로 말을 하는 습관을 들여보자.

집단토론식 면접 예시

 회사에서 벌어질 수 있는 문제 제시

정해진 시간에 비행기가 못 뜰 만한 이유를 논의하고,
그에 따른 해결방안을 제시하며, 각자의 의견을 제시하시오.

○○항공

발전기가 멈추었다. 어떻게 조치하겠는가?

○○발전

토론평가 주요항목

항 목	내 용
판단력	• 적절한 논점을 제시했는가 • 논점 해결에 도움되는 핵심의견을 제시했는가
논리성	• 자신의 논리를 확실한 근거로 설득력 있게 주장했는가
리더십	• 팀이 좋은 의견을 개진할 수 있도록 이끌어 주었는가 • 논점 해결에 도움이 되는 의견을 잘 정리하고 모았는가
협동성	• 집단의 목표를 우선시하였는가 • 토론이 단절되지 않도록 노력했는가

⑤ 프레젠테이션 면접

　문제해결능력, 전문성, 창의성, 기획력, 분석력 등을 종합평가하기 위한 목적이 있다. 꾸준히 비중이 높아지고 있는 면접 형태이다. 주제를 제시하고 이에 대한 해결책이나 자신의 의견에 대해 자료를 만들고 면접관 앞에서 발표하는 방식이다. 사전에 분석할 자료를 주는 자료제시형도 있고, 한 가지 안건에 대한 개선책을 마련하라는 등의 아이디어형도 있으며, 마케팅 기법이나 상품구매 활성화를 위한 전략기법 등을 제시하라는 컨설팅형도 있다. 컴퓨터를 사용하거나 화이트보드 등을 사용하게 되는데, 기업마다 주어진 여건이 다르기 때문에 그에 맞춰 준비하는 것이 요청된다.

　프레젠테이션 면접에서는 논리적인 구조와 결론과 근거제시의 타당성이 중요하고 아이디어의 참신성 및 순발력과 문제해결력 등이 요구된다. 사전에 주제를 정해주어 발표자료를 만들도록 하고 지원자 개인이 실무 부서의 여러 사람 앞에서 의견을 발표하도록 한다. 추측성 발언이나 불명확한 데이터는 신뢰성을 떨어뜨리니 주의해야 하고, 발표능력은 하루아침에 좋아질 수 없으므로 시험 전 손짓, 몸짓 같은 효과적인 태도 연습이 필요하다.

프레젠테이션 예시

상황	인도의 불안정한 전력공급을 안정화시킬 수 있는 방법

인도의 불안정한 전력공급을 안정화시킬 수 있는 방법

S전자가 인도시장에 진출하였다. 그런데 정전이 자주 되고, 전압이 불규칙하여 공급이 일정하지 않다. 이런 경우 어떤 기술로 차별화시켜 시장을 공략할 것인가.

○○ 삼성전자 제품/기술직

 프레젠테이션 구성법

구 성	내 용
처음	• Attention(관심, 주목) • Motivation(동기부여) • Overview(개관, 총람, 개요)
중간	• 근거 제시 • 아이디어 제시 • 통계/사례 인용
마무리	• 인용 요약 정리 • 질문과 대답

6 다차원 면접

응시자와 면접관이 함께 회사 밖에서 레저, 스포츠, 술자리, 합숙행사 등을 하며 어울리는 과정에서 면접이 이루어진다. 요리면접, 등산면접, 합숙면접, 상황극, 역할면접도 활용된다. 요즘에는 역할 직무나 기업의 정서 등에 따라 매우 다양한 면접이 진행된다. 이 과정을 통해 의사소통능력, 대인관계능력, 리더십, 팀워크 등 여러 각도에서 인재를 확인한다.

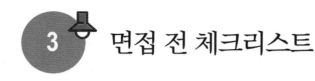

3 면접 전 체크리스트

■ 면접 전 연습

01 손대면 툭 하고 터질 듯 자기소개를 달달달 암기하라. 왜냐하면 면접장에 들어서면 긴장해서 암기한 것을 잊어버리곤 하기 때문이다. 이런 경우를 대비해 최대한 숙지하고 암기한다. 단, 면접장에서는 영혼 없이 기계처럼 말하면 안 된다. 자연스럽게 말하듯이 대화하라.

02 기출문제와 베스트 예상 기본질문 이외에 입사서류에서 이력서와 자기소개서를 바탕으로 다시 한번 확인한다. 서류전형에 준비했던 입사서류를 다시 꺼내 꼬리에 꼬리를 무는 질문이 나오더라도 자세하게 대답할 수 있도록 숙지한다.

03 회사에 들어가고 싶은 이유와 특별한 계기, 포부는 가장 기본이다. 나만의 스토리를 만들어라. 차별화된 면접을 하고 싶다면 자신만의 스토리를 확실하게 준비하여 가라.

04 면접관과 소통하기 위한 눈빛과 제스처 연습을 충분히 하고 가라. 부자연스럽지 않도록 반복 또 반복하며 모의평가를 여러 번 거쳐 가라.

2 면접 전날~면접 후 체크리스트

순 서	항 목	확인사항
	서류합격 후, 면접 2일 전까지	회사정보 수집(회사상호, 사업분야, 지원분야, 기업인재상 등 점검) 예상 질문과 답변 작성
	면접 1일 전	1. 면접 코디 점검[복장, 헤어, 구두, 양말(스타킹), 셔츠(블라우스)] 2. 면접 리허설(입실부터 퇴실까지 시뮬레이션) 3. 예상 질문에 대한 답변이 능숙하게 나오도록 연습
	면접 당일	시간 준수 정장 상태 얼굴(메이크업) 상태
1	대기	대기실 (○○호) , 대기실에서 자신의 차례 준비 당일 대기실에 부착한 면접순서 확인 휴대폰 OFF 상태 확인 입실 전 전체적인 점검
2	호명과 입실	호명과 안내에 따라 면접실로 이동 후 입실
3	질의응답	공통질문(자기PR) 1개, 개별질문 1~2개(면접시간에 따라 유동적)
4	퇴실	조용히 복도를 지나 대기실로 퇴실한 후, 소지품을 가지고 퇴장
		면접 후 면접을 통해 준비가 잘된 부분과 보완점은 무엇인지 확인하여 메모해 둔다. 깨달은 점을 바탕으로 성공적인 실전면접의 발판으로 삼아 대비한다.

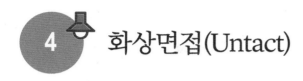
4 화상면접(Untact)

☐ 화상면접이란?

화상면접은 노트북이나 태블릿 PC, 스마트폰 등의 장비를 통해 영상으로 지원자가 원하는 장소에서 일대일 또는 다수의 면접관과 질의응답 방식으로 진행하는 면접을 말한다.

최근 채용면접을 화상면접으로 대체하는 기업들이 증가하고 있는 추세이다. 특히 신종 코로나바이러스 감염증(코로나19)으로 인해, 화상면접 등 비대면 채용방식이 확산되었다.

기존 면접	화상면접
• 서로 같은 장소에서 대면하여 만나 질의응답을 통해 지원자의 역량을 평가. • 면접관이 다양한 질문 방식을 활용하여 지원자의 답변 내용과 태도를 보고 직접 평가.	• 노트북이나 스마트폰 등을 통해 영상으로 대면. • 면접 진행방식은 대면 면접과 본질적으로 동일.

화상면접 시행기업

LG	CJ
라인플러스	SK이노베이션
이스트소프트 카카오	현대차 등
한국남부발전	

② 화상면접 준비하기

환경 점검

안정적으로 면접을 진행할 수 있도록 주변이 정숙되도록 하고, 방해되는 요소들을 차단한 후 인터넷 또는 와이파이로 접속한다.

영상에 나오는 배경은 깔끔하게 단색으로 하는 것이 좋으며, 화면은 카메라와 적당한 거리를 두어 얼굴을 포함한 상반신이 화면에 나오도록 조정한 후 헤드셋 또는 마이크 달린 이어폰을 준비하여 스피커와 마이크 소리를 확인한다.

바른 자세

말할 때는 모니터 화면이 아닌 카메라를 응시하도록 하고 또박또박 적당한 목소리로 답변한다. 예상치 못한 질문이 나오더라도 당황하지 않고 침착하게 대응하며 질문을 제대로 듣지 못한 경우 공손하게 다시 질문을 요청할 수 있어야 한다.

화상면접도 기존 대면 면접처럼 단정한 면접복장을 준비하고, 사전에 모의 면접 촬영을 해보고 시선 처리와 표정, 고개와 어깨가 기울지 않는지 등을 점검한다.

5 AI 면접

① AI 면접(AI역량검사)이란?

　AI 면접은 인공지능^(AI)을 활용해 지원자의 역량을 평가하는 기술로 'AI역량검사'라는 표현을 사용하기도 한다. AI 면접^(AI역량검사)은 뇌신경과학을 기반으로 사고와 행동의 패턴을 분석해 지원자의 성향과 역량이 기업 문화와 직무에 적합한지 파악하는 면접이다.

 기존 면접과 AI 면접의 차이점

기존 면접	AI 면접
- 서로 대면하여 만나 질의응답을 통해 지원자의 역량을 평가. - 면접관이 다양한 질문 방식을 활용하여 지원자의 답변 내용과 태도를 보고 직접 평가.	- 지원자의 무의식적 반응과 본질적인 역량을 측정하기 위해 질의응답뿐 아니라 게임, 자기보고문항 등의 방법을 함께 활용. - 답변을 텍스트로 변환하여 추출한 핵심 키워드를 중심으로 파악하고, 지원자의 표정과 음성 등을 종합적으로 분석.
- 기존 인적성 검사는 대부분 정해진 시간과 장소에서 자기보고식 지필 시험으로 진행.	- 다양한 측정방법(자기보고문항, 게임, 영상 면접)을 이용하여 개인의 특성을 더욱 정확하게 파악.

2 AI 면접 영상 평가요소

- Visual
- 표정, 움직임

- Vocal
- 음색, 음높이, 크기, 속도

- Verbal
- 단어 분석, 긍정·부정 단어

- Vital
- 맥박, 안면색상 측정

3 AI 면접 준비하기

❗ 환경 세팅

검사 전 여유롭게 편한 장소에서 웹캠이 구비된 노트북을 준비하고 원활한 검사 진행을 위해 안면등록과 음성인식을 진행한다.

- 키보드

스페이스 바, 방향키, 숫자키에 이상이 없는지 확인한다.

- 마우스

노트북 터치패드 사용은 지양하는 것이 좋으며 마우스 감도를 적절히 조정한다.

- 웹캠

카메라의 각도를 조정하고 정상적으로 설치 및 연결되었는지 확인한다.

• 마이크

음성 크기 확인 (이어폰 마이크도 사용 가능)

- 웹캠과 마이크 등이 잘 작동하는지 여부를 미리 점검하고, 웹캠은 너무 높거나 낮지 않도록 조정한다. 웹캠의 적당한 위치는 얼굴 전체가 화면에 들어오도록 하는 것이 좋다.
- 목소리가 잘 인식될 수 있도록 마이크 음성 크기도 테스트해 보고, 안면등록 시 자연스럽고 밝은 표정으로 등록하고 잘못 나온 경우, 재촬영 한다. 이 시스템은 크롬에 최적화되어 있으므로 크롬을 이용하도록 한다.

❗ 기본 질문

초반 기본 질문은 공통 문항으로 자기소개, 지원동기, 장단점에 대한 답변을 한다.

AI 면접(AI역량검사)은 핵심 키워드 위주로 내용을 분석하므로 직무역량을 나타낼 수 있는 키워드를 넣어 답변을 준비하는 것이 좋으며, 사전에 충분히 준비하여 면접의 시작이 순조롭게 시작되도록 한다.

성향 체크

지원자의 개인적인 성향을 체크하는 객관식 문항에 체크한다.

제시되는 문장에 얼마나 동의하는지 솔직하고 빠르게 선택하도록 하며, 정답은 없으나 응답에 대한 신뢰성을 확인하는 문항이 포함되어 있기에 다른 단계의 결과와 함께 종합적으로 분석된다는 점을 인식하고 최대한 진솔하고 일관성 있게 답변한다.

- 한 페이지마다 60초의 제한시간.
- '매우 그렇다~전혀 그렇지 않다' 까지 6점 척도에서 가장 가까운 것을 고르기.
- 의도적으로 답변을 선택하는 경우 '응답 왜곡' 처리되어 결과가 신뢰 불가로 나옴.

 상황 대처 질문

역량과 직군 적합도를 분석하기 위해 뇌신경과학 기반으로 설계된 게임을 수행하는 단계이다.

특정 상황을 제시하고, 이 상황에서의 반응을 실제로 이야기하듯 답변한다. 실제로 대화하는 것을 가정해 상황에 어울리는 표정과 어투로 이야기하고, 대화식의 답변이 어색할 수 있으니 예상 질문을 미리 준비하여 연습을 많이 해보는 것이 필요하다.

- 질문별 답변 준비 시간 30초, 답변 시간 60초.
- 충실히 답변하되, 제한시간은 모두 채우지 않아도 됨.
- 상황에 맞게 대화하듯 말하기.

역량 분석 게임

역량과 직군 적합도를 분석하기 위해 뇌신경과학 기반으로 설계된 게임 수행이다.

게임을 통한 지원자의 반응을 분석하여 의사결정 패턴, 정보 활용 패턴, 집중력 변화 패턴 등 직무역량을 확인한다. 게임의 점수 자체가 중요한 것이 아니라 게임을 수행하는 과정 자체가 평가되는 것이기 때문에 게임이 끝날 때까지 최선을 다하는 자세가 필요하다.

☑ - 직군마다 다른 게임(감정 맞추기, 풍선 불기, 색·단어 일치 판단, 도형 위치 기억하기, 공 무게 맞추기, 카드 뒤집기 등).
   - 각 게임의 소요시간 다름.
   - 안내사항을 충분히 숙지하여 방법을 제대로 이해한 상태로 게임을 실행.

심층 질문

게임 결과를 토대로 개인별 맞춤 질문에 답변한다.

단답형 질문 후 구술형의 후속 질문이 주어지는 방식으로 진행되며, 앞 단계에서 솔직하게 반응해야 자신에게 적합한 질문을 받을 수 있으니 주의하여 진행한다.

☑ - 이전 단계의 결과를 바탕으로 개인별 맞춤 질문으로 구성.
   - 단답형 질문(5초 이내에 대답) + 구술형 질문(답변 준비 시간 30초, 답변 시간 60초)

진로와
취업전략

Chapter 11 면접전략

학습 내용 면접에서 최상의 이미지를 만들어줄 전략을 짠다.
이미지메이킹 방법과 보이스 트레이닝 방법을 실습한다.

1 면접 이미지메이킹이란

이미지란?

화장이나 옷차림만이 아니라
성격, 표정, 외모, 언어, 행동 등
총체적인 요소들의 복합체이다.

면접 이미지메이킹이란?

면접장에서 내면에 잠재해 있는 장점과
매력을 이끌어내어 최상의 이미지를
만들어줌으로써 호감도를 증진시키고,
자신감 있는 최상의 '이미지'를
이끌어 낼 수 있도록 하는 것이다.

81%
이미지가 면접에
영향을 미친다.

19%
별로 영향을
미치지 않는다.

면접 시 이미지의 중요성

1 면접 이미지메이킹의 종류

미국의 심리학자 메라비언에 따르면, 사람의 첫인상을 결정하는 요소로 시각적 요소 55%, 청각적 요소 38%, 내용적 요소 7%라는 결과가 나왔다. 면접은 면접관과의 첫 대면이기 때문에 첫인상이 중요하다. 첫인상을 결정하는 면접 이미지 가운데 중요한 요소는 정신적 이미지, 시각적 이미지, 행동적 이미지, 청각적 이미지가 있다.

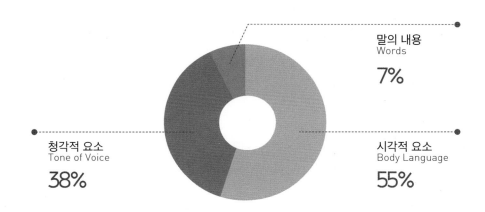

말의 내용
Words
7%

청각적 요소
Tone of Voice
38%

시각적 요소
Body Language
55%

정신적 이미지는 면접자 개인 특유의 성향과 성격이 드러나는 매력을 말하며, 하루아침에 생기는 것은 아니다. 그 사람의 생활양식, 사고방식, 삶의 자세, 태도가 종합적으로 이미지화된다. 시각적 이미지는 생김새, 복장, 표정과 같이 눈에 보이는 이미지이다. 행동적 이미지는 면접자가 들어오는 발걸음과 앉는 자세, 인사 자세와 같은 것이 있다. 청각적 이미지는 면접에서 자신의 의견을 이야기할 때의 말투와 소리의 크기, 말의 빠르기, 어조을 통해 성향과 자신감을 예측할 수 있다.

정신적 이미지	시각적 이미지	행동적 이미지	청각적 이미지
개인 성향 태도 분위기 매력	표정 눈빛 복장 자세	입장하는 행동 인사하는 행동 앉고 서는 행동	크기 발음 말의 속도 말투

시각적 이미지

1 면접 표정

기본적으로 어둡고 긴장된 표정보다, 살짝 미소를 띤 밝고 여유 있는 모습이 신뢰감 있어 보인다.

2 면접 눈빛

멍한 눈빛으로 앉아있으면, 아무 생각 없이 앉아있는 사람처럼 입사의지가 부족해 보이니 반짝이는 눈동자와 시선으로 면접관을 바라보며 자신 있는 표정을 짓도록 하자. 또한, 직무의 특성에 따라 표정의 변화가 다를 수 있다.

🌳 여성 지원자 면접 시 감점을 준 인상

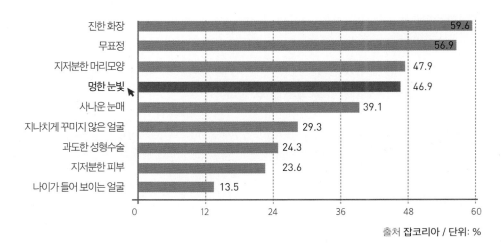

출처 **잡코리아** / 단위: %

면접 복장

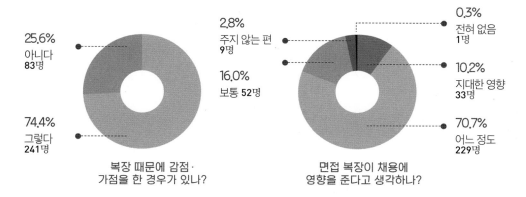
면접 복장이 채용에 미치는 영향

25.6%
아니다
83명

2.8%
주지 않는 편
9명

16.0%
보통 52명

0.3%
전혀 없음
1명

10.2%
지대한 영향
33명

74.4%
그렇다
241명

70.7%
어느 정도
229명

복장 때문에 감점·
가점을 한 경우가 있나?

면접 복장이 채용에
영향을 준다고 생각하나?

  해당 업무와 특성에 맞는 이미지를 보여준다. 대부분의 회사는 깔끔하고 단정한 느낌을 선호한다. 그 회사와 지원 직종에 대해 충분히 이해하고 그 업종과 그 직종에서는 어떤 이미지의 사람을 선호하는지에 대해 먼저 파악해야 효과적으로 의상도 선택할 수 있다. 다음은 가장 일반적인 면접의 기본 복장이다.

남자 복장

정장	위아래 같은 색과 질감의 한 벌 정장을 입는다. 남색 정장을 가장 많이 입는다. 와이셔츠는 흰색이 무난하나, 피부색에 따라 푸른색이나 베이지색도 가능하다.
넥타이	자신의 얼굴이 화사하게 받는 색을 선택한다. 넥타이의 길이는 벨트를 살짝 덮을 정도가 적당하다.
구두	검정이나 짙은 갈색, 짙은 회색과 같이 양복보다 진한 색상의 구두가 안정적이다. 보수적인 회사의 경우엔 정장용 구두로 검정색이 이상적이다. 구두는 깨끗하게 닦고, 뒷굽을 확인한다. 캐주얼한 양말을 신지 않는다. 발목 양말을 신지 않는다.
헤어	앞머리도 너무 내려와 이마와 눈썹을 가리지 않도록 깔끔하게 정리한다. 뒷머리나 구레나룻이 너무 길지 않게 정리한다. 헤어제품으로 지저분하게 흐트러져 있는 부분을 정리한다.

🌰 여자 복장

정장	깔끔하고 단정한 투피스 치마 기본정장을 선택한다. 직무 특성에 따라 좀 더 활동적인 이미지를 선보이고 싶으면 바지 정장도 좋다. 원피스만 입기보다 겉에 재킷 종류를 걸치도록 한다. 여름의 경우는 단정한 블라우스도 허용한다.
화장	너무 진한 화장은 오히려 부담스럽다. 스모키화장, 파티화장이 아닌 단정하고 깔끔한 화장을 선호한다. 노메이크업 역시 예의가 아니므로 신경쓴다.
구두	구두는 무난한 디자인의 검은색이 좋다. 장식이 화려하기보다는 심플하거나 없는 것이 좋다. 앞트임이 없고, 5cm의 굽 높이가 무난하다. 플랫슈즈, 부츠, 샌들은 삼간다. 구두는 깨끗이 닦아서 신고 뒷굽이 벗겨지거나 가죽이 닳은 구두는 피한다. 스타킹은 살색, 커피색이 무난하다.
액세 서리	두 종류 이상의 액세서리는 안 한다. 포인트로 심플한 디자인의 작은 귀걸이가 무난하다. 길게 늘어뜨린 귀걸이나 목걸이는 삼간다.
헤어	머리가 길 경우 단정하게 묶고, 단발머리일 경우 머리 끝부분을 깔끔하게 한다. 이마를 드러나게 하되, 자신감 있어 보이는 스타일이 좋다. 지원한 직종에 어울리면서 자신의 얼굴형에 어울리는 단정한 스타일을 찾는다.

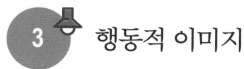

3 행동적 이미지

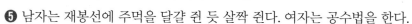

면접장 행동요령 **(입실-인사-앉기-퇴실)**

1 입실 자세

❶ 첫 번째 입장하는 사람은 두 번 노크하고 들어간다.

❷ 목례하고 들어간다.

❸ 허리와 어깨를 펴고, 자신 있게 들어간다.

❹ 반듯하게 선다(남자11 - V자, 여자11 - Y자).

여자공수법: 오른손이 위로

❺ 남자는 재봉선에 주먹을 달걀 쥔 듯 살짝 쥔다. 여자는 공수법을 한다.

2 인사하기

❶ 가볍게 면접관과 아이콘택트하고 미소를 띤다.

❷ "안녕하세요. ○○○입니다." 말을 하고 정중례한다.

❸ 정중례 인사를 할 때는 허리를 굽히고 잠깐 2초 멈춘다.

❹ 천천히 허리를 든다. 내려갈 때 속도보다 천천히 한다.

❺ 바로 서서 다시 마주보고 미소짓는다.

정중례 인사를 할 때

3 앉기 자세

❶ "앉으세요."라고 하면 허리를 세우고 앉는다. 남자는 무릎 위에 손을 달걀을 쥔 느낌으로 올려놓고, 여자는 공수 그대로 무릎 위에 올려놓는다.

❷ 다리를 흔들거나, 의자 뒤에 기대 앉지 않는다.

4 퇴실

❶ "이제 나가셔도 됩니다."라고 하면 자리에서 일어나 공손히 인사를 한 후 자신이 앉던 의자가 비뚤어지지 않았는지 확인 후, 바로 해놓고 나간다.

❷ 문을 닫기 전에 다시 한번 가벼운 목례를 하고 살짝 문을 닫는다.

❸ 문을 닫고 복도에서 나갈 때까지 조용히 하고 침착하게 대처한다.

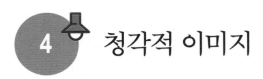

청각적 이미지

1 청각적 이미지의 필요성

면접장에 깔끔한 복장과 예의 바른 자세를 보여줬지만, 면접관과 대화할 때 작고 속삭이는 소리와 웅얼거리는 목소리로 무엇을 말하는지 잘 모르게 한다면, 말하는 메시지의 전달력도 떨어지고 자신감이 없어 보일 수 있다.

자신감 있는 소리로 또박또박 정확하고 성의 있게 말해야 면접관에게 신뢰를 줄 수 있고, 더불어 똑부러지게 일 잘하는 이미지를 줄 수 있다. 청각적 이미지를 좋게 하려면, 다음과 같이 안정된 호흡과 힘 있는 발성, 정확한 발음, 전달력 높이는 강조를 활용하는 것이 좋다.

<청각적 이미지 주요 4요소>

2 청각적 이미지 연습법

1. 안정된 호흡을 위한 복식호흡법을 연습한다.

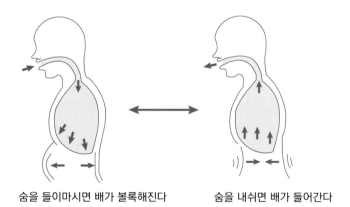

숨을 들이마시면 배가 볼록해진다   숨을 내쉬면 배가 들어간다

- 면접방에서 말하기 전에 깊게 복식호흡을 하고 시작한다(표나지 않도록).
- 말이 중간중간 떨리면, 숨을 깊게 쉬어가며 안정적으로 말한다.
- 면접에서는 작은 소리보다 큰 소리가 낫다. 단, 인위적이고 부자연스러우면 안 된다.

티슈 호흡법

1. 손에 휴지를 잡은 다음 "후" 하고 불어본다.
2. 복식 호흡을 통해 숨을 가득 채운 다음 배에서 올라온 공기로 휴지를 불어본다.

2. 힘 있는 발성을 위한 공명발성법을 연습한다.

자신감 있는 목소리를 위한 하루 10분 꿀성대 발성연습법

- 숨을 배까지 가득 채운 후, 소리를 내보낼 때, '아~~~~'소리를 내보자. 이때 자신의 목젖을 자신의 눈으로 확인해 보자. 목젖이 보이게 목 안쪽 공간을 벌려주고, 가득 채운 숨을 앞으로 보내며 소리 내어 주다 보면, 울림 있고 큰 소리를 얻을 수 있다. 주의할 것은! 목에 힘을 가득 주지 말고, 최대한 편안하게 하도록 노력하자.

- 입을 크게 벌려가며 천천히 '가 갸 거 겨…'를 읽어내려간다. 소리를 위로 끌어올려 앞으로 내보낸다는 느낌으로 '가~아, 갸~아, 거~어' 이런 식으로 읽어도 좋다. 한 음절씩 정성껏 소리 내어 읽다 보면, 발성과 함께 발음도 함께 좋아질 것이다.

3. 정확한 발음을 위해 입을 크게 벌린다.

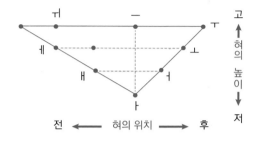

정확한 발음 연습을 위한 모음사각도

· 가 갸 거 겨 고 교 구 규 그 기 게 개 괴 귀
· 나 냐 너 녀 노 뇨 누 뉴 느 니 네 내 뇌 뉘
· 다 댜 더 뎌 도 됴 두 듀 드 디 데 대 되 뒤
· 라 랴 러 려 로 료 루 류 르 리 레 래 뢔 뤼
· 마 먀 머 며 모 묘 무 뮤 므 미 메 매 뫠 뮈
· 바 뱌 버 벼 보 뵤 부 뷰 브 비 베 배 봬 뷔
· 사 샤 서 셔 소 쇼 수 슈 스 시 세 새 쇄 쉬

발음연습표

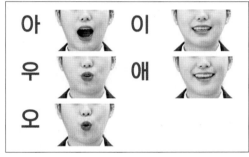

정확한 발음 입모양

장충동족발   한라산산삼
영동용봉탕   청송콩찰떡
안양양장점   합성착향료
안흥팥찐빵   낭랑 18 세
참치꽁치찜   김삿갓삿갓

어려운 낱말 연습하기

4. 전달력을 높일 수 있도록 강조하기

· **강세**: 중요한 단어는 1.5배 크고 천천히 이야기한다.

예시   안녕하세요. **OOO**(1.5배 크고 천천히) 입니다.

・**쉬기**: 면접장에서 중요한 단어 앞에 쉰다.

 안녕하세요.  ○○○입니다.

면접장에서 시선이 집중되고 정보를 듣기 쉽고 명확하게 전달할 수 있어야 한다.
그러기 위해서는 중요한 말을 강조한다.

5. 그 밖의 면접음성 훈련

종류	내용
속도	너무 빠르거나 너무 느리게 말하지 않는다. 차분한 속도로 말하고, 중요한 부분은 더 천천히 말한다.
말투	툭툭 내뱉는 투로 말하지 않고, 어미 끝까지 성의 있게 말한다.

워크시트

면접 보이스 트레이닝 연습

❶ 예시 문장

안녕하세요. ○○○입니다. 저는 그 어떠한 성공도 많은 실패와 도전을 통해 가능하다고 생각합니다. 실패를 두려워하지 않는 도전하는 사람 ○○○! ○○○회사에서 진가를 보여드리겠습니다.

❷ 연습 방법

1. 의미단위로 끊는다.

2. 면접관에게 잘 들리게 하고 싶은 키워드, 중요한 부분을 체크한다.

3. 자신감 있게 소리 내어 말한다.

❸ 평가 항목

평가 항목	20점 만점
호흡이 안정되었나	
소리가 크고 자신감 있는가	
발음이 명료한가	
중요한 부분은 강조하였는가	
말의 속도가 적당한가	
총 점	

진로와
취업전략

Chapter 12 실전면접

학습 내용   면접 1분 자기소개 작성하는 방법과
다양한 질의응답 방법을 체득하고 실습한다.

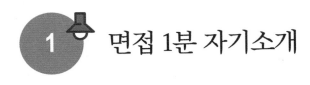 1 면접 1분 자기소개

1 자기소개의 의미

면접장에서 인사 후에 가장 먼저 질문하는 부분이다. 외모만으로 살펴본 첫인상의 편견을 깨거나 유지하며, 겉모습 이상을 보여줄 수 있고 자신을 알릴 수 있는 가장 좋은 기회이다.

진실성	불확실한 사실이나 허위사실을 말하지 않고, 진실하게 대한다.
명료성	아름다운 말로 듣기 좋게 꾸민 미사여구를 사용해 장황하게 말하지 않고 의도를 파악하고 의도에 맞게 정확하게 말한다.
자연스러움	외운 듯 기계적으로 말하지 않고, 자신감 있는 모습으로 면접관과 대화한다고 생각하며 말한다.

② 자기소개 하는 법

OBM 법칙

면접에서 자기소개 시간은 대부분 1분 안팎으로 주어진다. 1분이라는 짧은 시간에 면접관에게 나를 확실하게 어필하려면 전략적인 준비가 필요하다. 무작정 준비하는 것이 아니라 자기소개 내용을 처음과 중간, 끝의 3부분으로 나눠 각 항목별로 면접관에게 꼭 전해야 할 말을 정리하는 OBM 법칙을 연습해보도록 한다.

Open

면접관의 마음을 열어라.

◼ 비유나 카피, 이름을 활용한다.

처음	인사
⑩초	

작성표

Open	
비유, 카피, 이름 활용	
⑩초	

Believe

면접관에게 신뢰를 주라.

◖ 자신이 어떠한 성향의 사람이고 어떠한 장점을 가진 사람인지, 경험과 장점을 말한다.

중간
30초

직무와 연관된 경험

작성표

Believe
경험과 장점

30초

Move

마음을 움직여라.

◖ 포부와 비전을 제시한다.

마지막
10초

앞으로의 포부와 비전

작성표

Move
감동, 여운 있는 말

10초

워크시트

면접 1분 자기소개서

면접 1분 자기소개 작성표를 토대로 면접 1분 자기소개서를 완성시키시오.

3 자기소개 주의점

！ 너무 과장하지 마라.

너무 잘 보이려고 힘을 주다 보면, 본질에서 벗어난다. 진실성을 가져야 한다.

！ 나의 자기소개에 자신감을 가져라.

자신의 자기소개가 뻔한 이야기라도 뻔뻔하게 이야기하라.
무슨 이야기를 하는가보다 어떻게 이야기하느냐가 중요하다.

！ 읊지 말고, 대화를 하라.

일방적인 암기가 아니다. 말하듯이 성의껏 정성을 담아 이야기하라.
중간의 휴지를 두려워하지 마라.

2 면접 질문의 유형

  면접 질문의 유형을 미리 예측하고 준비하면, 면접 긴장감을 감소시키고 어떤 질문이 나오든지 면접관의 의도를 파악하며 적절히 대답할 수 있다.

  크게 면접 질문의 유형은 두 가지로 나뉜다. 사람(인성, 개인특성)을 살피는 질문과 직무수행을 얼마나 잘 할 수 있는지 직무능력(기술과 지식, 태도)을 살피는 질문이 주를 이룬다. 여기에 문제해결능력이나 순발력을 요구하는 예측하기 힘든 강도 높은 압박질문도 있다는 것을 염두에 두고 준비한다면, 면접관의 질문 의도를 미리 예측하고 당황하지 않고 차분하게 대답할 수 있다.

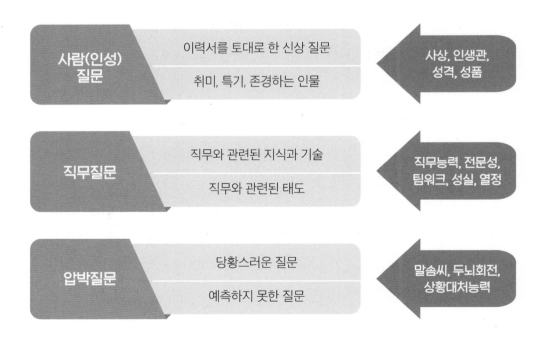

사람(인성) 질문	이력서를 토대로 한 신상 질문	사상, 인생관, 성격, 성품
	취미, 특기, 존경하는 인물	
직무질문	직무와 관련된 지식과 기술	직무능력, 전문성, 팀워크, 성실, 열정
	직무와 관련된 태도	
압박질문	당황스러운 질문	말솜씨, 두뇌회전, 상황대처능력
	예측하지 못한 질문	

3 면접 기출 질문 리스트 100가지

한국고용노동부 선정 대표적 면접 질문 100선

**자기
소개**

- 자기 PR을 해보십시오.
- 3분 동안 자기 PR을 해보십시오.
- 자신의 장점을 3가지 들어보십시오.
- 어떤 장점과 단점을 갖고 있습니까?
- 당신은 어떤 개성이 있다고 생각합니까?
- 특기가 있습니까?
- 리더십이 있는 편이라고 생각합니까?
- 협조정신이 있다고 생각합니까?
- 친구가 많은 편입니까?
- 사람들과 이야기하는 것을 좋아합니까?
- 사람들과 함께 있기를 좋아합니까?
- 어떤 타입을 좋아합니까?
- 외동딸이군요?
- 지금까지 좌절감을 맛본 적이 있습니까?
- 대인관계를 잘 유지할 자신이 있습니까?
- 물건 파는 일도 자신이 있습니까?
- 당신은 주위로부터 의논을 받는 편입니까?
- 일을 시작하면 끝까지 합니까?
- 당신은 어떤 버릇이 있습니까?

**지망
동기**

- 우리 회사를 지망한 이유를 말씀해 주십시오.
- 회사를 선택할 때 중요시하는 것은 무엇입니까?
- 우리 회사에 대하여 알고 있는 것을 말씀해 주십시오.
- 추천인과는 어떤 관계입니까?
- 다른 회사에도 응시했습니까?
- 우리 회사에 채용이 안 되면 어떻게 하실 겁니까?
- 우리 회사와 다른 회사에 모두 붙으면 어떻게 할 겁니까?
- 지망회사를 결정하기 위하여 누구와 상담했습니까?
- 가업을 이어받지 않아도 됩니까?
- 우리 회사 같은 중소기업을 택한 이유는 무엇입니까?
- 왜 지방 기업에 취직하려고 합니까?
- 우리 회사의 장점과 단점을 아는 대로 말씀해 주십시오.

직업관

- 당신에게 직업은 어떤 의미를 갖습니까?
- 입사하면 어떤 일을 하고 싶습니까?
- 희망부서에 배치되지 않을 경우에는 어떻게 하겠습니까?
- 희망하는 근무지가 있습니까?
- 시간 외 근무를 어떻게 생각합니까?
- 휴일근무를 어떻게 생각합니까?
- 일과 개인생활 중 어느 쪽을 중시합니까?
- 격주 휴무제에 대해 어떻게 생각합니까?
- 어떤 일이 적성에 맞는다고 생각합니까?
- 당신의 특성을 일에서 어떻게 살릴 생각입니까?
- 입사 후 다른 사람에게 절대로 지지 않을 만한 것이 있습니까?
- 회사에 대해 묻고 싶은 것이 있습니까?
- 신입사원으로서 마음 써야 할 것은 어떤 것이라고 생각합니까?
- 비즈니스 사회에서 가장 중요한 것은 무엇이라고 생각합니까?
- 우리 회사에서 언제까지 근무할 생각입니까?
- 어디까지 승진하고 싶습니까?
- 어떤 사람을 상사로 모시고 싶습니까?

- 첫 월급을 타면 어디에 쓸 겁니까?
- 출근시간은 어떤 의미를 갖는다고 생각합니까?
- 학생과 사회인의 차이점은 무엇이라고 생각합니까?
- 상사와 의견이 다를 때는 어떻게 하실 겁니까?
- 자기 주장과 협조성에 대해서 어떻게 생각합니까?

**대학생활,
친구**

- 학창시절에 무엇엔가 열중했던 것이 있었습니까?
- 무엇을 전공했습니까?
- 서클 활동은 무엇을 했습니까?
- 아르바이트를 한 적이 있습니까?
- 학점이 좋지 않은데, 이유가 무엇입니까?
- 대학생활에서 얻은 것이 있다면 무엇입니까?
- 제일 좋아하는 과목은 무엇입니까?
- 친구는 당신에게 어떠한 존재입니까?
- 친한 친구가 몇 사람 있습니까?
- 친구들은 당신을 어떻게 보고 있습니까?
- 일상적인 인생관은 무엇입니까?
- 취미가 무엇입니까?
- 스포츠를 좋아합니까?
- 주량은 어느 정도입니까?
- 휴일에는 시간을 어떻게 보냅니까?
- 기상시간과 취침시간을 말해 주십시오.
- 신문은 어느 면부터 봅니까?
- 최근에 흥미 있게 본 뉴스는 무엇입니까?
- 존경하는 사람은 누구입니까?
- 당신의 생활신조는 무엇입니까?
- 한 달에 용돈을 얼마나 씁니까?
- 돈, 명예, 일 중 어떤 것을 택하겠습니까?
- 건강관리를 위해 어떤 것을 하고 있습니까?
- 지금 제일 원하는 것은 무엇입니까?

4 면접 Best 질문과 답변하는 방법

Q 우리 기업에 지원한 이유는?

A 목표기업을 정하지 않고 여기저기 지원서를 남발하는 지원자를 가려내기 위한 질문으로 볼 수 있다. 업종과 직무를 중심으로 그동안 일관되게 준비해 왔다는 점을 강조하며 대답하거나 무조건적인 회사에 대한 찬양보다는 그 회사에서 제공하는 서비스나 제품들을 사용한 것을 어필하며 이전부터 관심 있었다는 것을 보여준다. 담당하고자 하는 직무에 대해 준비해간 것을 설명하는 것도 좋은 방법이다.

Q 지원한 직무와 관련해 어떤 준비를 했는가?

A 전문성 없는 지원자를 가려내기 위한 질문으로 직무를 확실히 이해하고 있다는 것을 설명한 후, 직무분야의 전문성을 어필한다. 지원직무에 대한 열정과 직무역량을 쌓기 위해 노력한 점을 단계적으로 설명해주면 좋다.

Q 본인 성격의 장단점은?

A 조직에 잘 어울릴 성격인지 파악하기 위한 질문이다. 기업의 문화를 먼저 꼼꼼히 파악한 뒤, 장점은 직무성격에 부합하는 장점, 단점은 있는 그대로의 단점이 아니라, 장점에 관련된 단점이 좋다. 솔직하게 막 던지면 위험할 수 있다. 장점을 말할 땐 직무적합성을 잘 보여주고, 단점은 장점 때문에 불가피하게 따라오는 측면을 말한다. 지원기업의 문화를 고려해야 한다.

Q 입사 후의 포부는?

A 직무전문성을 어떤 단계까지 높일 것인지, 어떤 직급에서 조직에 기여할 것인지 정리한다. 전문가가 되겠다는 표현보다는, 회사에 대한 고민이나 미래 동력과 같이 회사에 관심이 있는 사람들만 알 수 있는 이야기를 잘 정리해서 포부와 연결해 표현하는 것이 포인트다. 단기목표와 장기목표로 나누어 설명하거나, 직무전문성이 드러나는 단어를 언급하는 것도 효과적이다.

Q 조직경험이나, 조직 내 어려움을 극복한 사례가 있는가?

A 조직에 들어오면 그만두고 싶은 퇴사 유혹을 뿌리칠 수 있는 사람인지, 어려움을 주도적이고

창의적으로 해결할 수 있는 사람인지 탐색하기 위한 질문이다. 수동적 성격을 보여주기보다 주도적으로 일을 벌인 경험을 만들어 주체적으로 해결한 경험을 이야기한다. 아직 졸업 이전이라 조직경험이 없다면 지금부터 지원직무와 연관성 있는 아르바이트 등 경험을 쌓아두자.

Q 학교와 사회경험에 대해?

A 학교생활을 하면서 자신이 관심을 갖고 활동적으로 한 경험 위주로 설명하는 것이 좋다. 주로 봉사정신과 주변에 대한 배려심이 발굴될 수 있는 이야기를 하는 것이 좋다. 목적성을 가지고 봉사활동이나 동아리 등 조직에서 선호하는 사회경험을 쌓아둔다.

Q 당신을 뽑아야 되는 이유는 무엇인가?

A 나는 다른 지원자와 차별화된 사람이라는 것을 보여주어야 한다. 나만의 이미지를 일관되게 보여주는 것이 중요하고, 치열한 노력으로 열정을 다해 준비한 인재임을 보여준다. 다른 질문에 비해 추상적인 질문이므로 의도에 맞는 자신감 있는 표현이 중요하다. 입사의지가 확고한지, 확고한 열정을 보여줄 수 있는 간략한 멘트를 준비해 두는 것도 좋다. 무엇보다 이 대답에 대해 말할 때는 자신감이 중요하며, 감성적으로 어필해도 좋다.

Q 실패한 적이 있는가?

A 도전하는 인재를 원하는, 도전을 통해 배운 깨달음이 있는 성숙된 인재인지 알고 싶어하는 질문이다. 시도와 도전을 해보지 않은 지원자를 걸러내는 질문이라 생각하고 용기를 발휘해 도전한 사례를 준비한다. 지원업종과 직무에 관련된 것이 가장 좋다. 재수나 편입과 같은 학업적인 것 말고, 어려움을 알면서도 도전했고 결국 실패했던 경험을 준비한다. 기왕이면 직무와 관련있는 것으로, 실패를 통해 얻은 교훈이 명확한 것을 준비한다.

Q 취미와 특기는?

A 지원회사에 어울리는 인재인지, 스트레스는 어떻게 푸는지 알기 위한 질문이다. 직무에 적합한 취미나 특기를 발굴하고 그를 통해 얻은 보람, 만족을 정리한다. "저의 취미는 ○○○입니다."처럼 두괄식으로 말하도록 한다.

Q 마지막으로 하고 싶은 말은?

A 입사의지가 확고한지, 적극성이 있는지 엿보기 위한 질문이다. 미리 자신의 입사의지를 담은 감성적 멘트를 준비하는 것도 좋다.

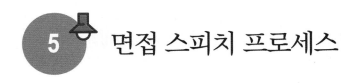

5 면접 스피치 프로세스

　최근 역량면접 위주로 평가되는 경향이 있다 보니, 답변을 좀 더 구체적으로 서술해야 되는 경우가 많다. 갑작스럽게 대답을 할 경우, 순발력 있으면서도 조리 있게 대답하려면 다음과 같이 효과적으로 대답할 수 있는 패턴을 연습하는 것이 도움이 된다.

■ 면접 스피치의 효과적인 대답 패턴

| **1 단계** | **면접관의 질문 의도를 파악한다.** |

질문에 대해 단답형으로 대답하는 것이 아니라 질문을 통해 듣고
자 하는 이야기를 함께 말한다.

| **2 단계** | **두괄식으로 답변한다.** |

저의 생각은 ○○○입니다.
저의 주장은 ○○○○이고 ○○○○라고 생각합니다.
먼저 자신의 주장(주제문장)을 떠올리며 말한다.

| **3 단계** | **자신의 주장에 대한 근거를 말한다.** |

왜냐하면…. 처럼 나만의 사례를 들어 이야기해준다.
이때, 단답형은 지양하되 길어지지 않도록 주의한다.

4 단계 회사와 나를 묶어서 연결시킨다.

지원한 곳과의 연결고리를 생각한다.

"○○회사에 ○○를 통해 기여할 수 있을 것 같습니다." 라고 말한다.

❗ 주의사항, 외운 것을 읊지 말고 면접관과 대화하라.

목소리, 이미지를 적극 활용하라.

두괄식

당신은 도전하는 사람이라고 생각합니까?

- 네, 그렇습니다.
  전 어려울 때마다 다음과 같은 이야기를 떠올립니다. ☛ **두괄식**
- 전 어려울 때마다 다음과 같은 이야기를 떠올립니다(중얼중얼).
  그래서 저는 스스로 도전하는 사람이라고 생각합니다. ☛ **미괄식**

회사와 연결

당신 성격의 장점은 무엇입니까?

네, 저는 호기심이 많은 성격입니다.
호기심이 많다 보니 다양한 취미와 특기, 관심사를 갖게 되었는데요.
귀사의 영업사원이 된다면 처음 만난 사람과도 자연스럽게 대화를
나눌 수 있는 재주라고 생각합니다.

면접 두괄식, 회사와 연결 예시

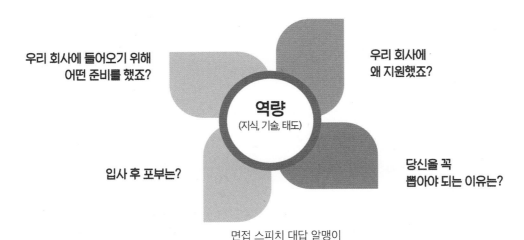

우리 회사에 들어오기 위해 어떤 준비를 했죠?

우리 회사에 왜 지원했죠?

역량
(지식, 기술, 태도)

입사 후 포부는?

당신을 꼭 뽑아야 되는 이유는?

면접 스피치 대답 알맹이

6 면접 질문에 답변법 FEO

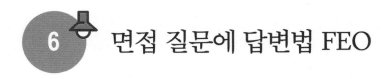

면접에서 질문을 받았을 때 갑작스런 질문에 당황하곤 한다. 무슨 말을 무엇부터 해야 할지 머리가 새하얗게 변하는 경우를 본다. 면접에서는 불필요한 말은 최대한 빼고, 조리 있게 구사하는 것이 좋다. 간결하고 조리 있게 말하려면 말하는 형식, 즉, 틀을 잘 만들어서 하는 것이 필요하다. 집을 짓기 전에 설계도를 그려야 원하는 방향으로 정확하게 지을 수 있듯이 말의 뼈대라고 할 수 있는 설계도를 그리는 것이다.

특히 입학이나 취업 또는 승진면접에서처럼 즉흥적으로 말을 해야 할 때, 유용하게 이야기를 풀어나갈 수 있다.

"살면서 가장 큰 도전은 무엇이었나요?"

"어떤 아르바이트를 하였나요?"

이런 질문을 받는다면? 이럴 때는 당황하지 말고, 차분히 내가 겪은 상황을 이야기할 수 있어야 한다. 그리고 상대에게 꼭 필요한 정보를 중심으로 말할 수 있어야 한다. 이 때 필요한 것이 FEO 틀을 만들어 효과적으로 말하는 기법이다. FEO는 사실(Fact), 예시(example), 견해(opinion)의 약자로, 이 틀에 맞춰 이야기를 하면 꼭 필요한 정보를 실감나게 전달할 수 있다.

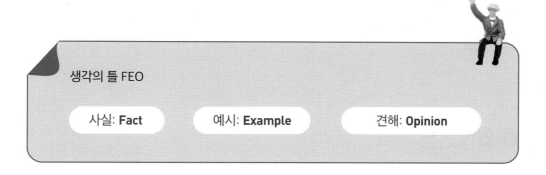

생각의 틀 FEO

사실: **Fact**　　　예시: **Example**　　　견해: **Opinion**

　먼저, 있는 사실 그대로를 이야기하려고 하되, 상대가 내 이야기를 잘 이해할 수 있도록 적절한 사례를 뒷받침해주면 도움이 된다. 그리고 나서 나의 견해를 이야기하는 패턴이다. 다음은 '사실-예시-견해' 공식을 잘 활용하고 있는 사례이다.

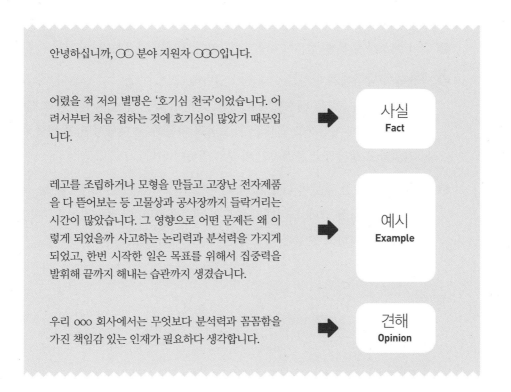

안녕하십니까, ○○ 분야 지원자 ○○○입니다.

어렸을 적 저의 별명은 '호기심 천국'이었습니다. 어려서부터 처음 접하는 것에 호기심이 많았기 때문입니다.

➡ 사실 **Fact**

레고를 조립하거나 모형을 만들고 고장난 전자제품을 다 뜯어보는 등 고물상과 공사장까지 들락거리는 시간이 많았습니다. 그 영향으로 어떤 문제든 왜 이렇게 되었을까 사고하는 논리력과 분석력을 가지게 되었고, 한번 시작한 일은 목표를 위해서 집중력을 발휘해 끝까지 해내는 습관까지 생겼습니다.

➡ 예시 **Example**

우리 ooo 회사에서는 무엇보다 분석력과 꼼꼼함을 가진 책임감 있는 인재가 필요하다 생각합니다.

➡ 견해 **Opinion**

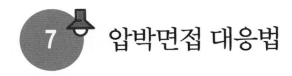

압박면접 대응법

◼ 압박면접 준비

　압박면접은 면접자를 당황스럽게 하거나 궁지에 몰 듯 매우 세부적인 질문을 하여 예측하지 못한 질문을 하는 등 면접자들이 매우 어렵게 생각하는 면접이다. 따라서 미리 준비하지 못한다면 얼굴이 붉어지고 그 자리에서 아예 대답을 못하는 등 면접실패로 돌아가게 한다. 따라서 압박면접도 미리 예상하고 철저히 대비하는 것이 합격으로 가는 면접 준비법이다.

❶ 내가 예상하지 못한 질문이 나올 수도 있다고 미리 각오하라.

❷ 면접관이 당신에게 인상을 쓴다거나 압박해 오면, 이것은 일부러 나의 상황대처능력과 위기능력을 테스트하기 위한 것이지, 나를 싫어하거나 나를 떨어뜨리려 하는 것이 아니라고 되새긴다. 오히려 차분히 잘 대답하면, 합격할 수 있는 기회라고 생각하고 긍정적인 자세로 임하면 된다.

❸ 대답하기 곤란한 질문이 나왔을 때, 갑자기 표정이 바뀌거나 인상을 찡그리는 등 자신의 마음을 크게 드러내지 않도록 컨트롤하라. 이때는 잠시 1, 2초 담담하게 포즈를 취하고 진실한 태도로 생각나는 내용을 천천히 대답한다.

압박질문 예시

이런 성적으로 저희 회사를 지원하신 겁니까?

당신이 떨어진다면 왜 떨어뜨린 것 같은가?

지금 당장 동물로 된다면?

8 면접 주의사항

⚠ 지각은 절대금물이다.

⚠ 앉으라고 할 때까지 앉지 말라. 의자로 재빠르게 다가와 앉으면 무례한 사람처럼 보인다.

⚠ 옷을 자꾸 고쳐 입지 말라. 침착하지 못하고 자신 없는 태도처럼 보인다.

⚠ 시선을 다른 방향으로 돌리거나 긴장하여 발장난이나 손장난을 하지 말라.

⚠ 질문이 떨어지자마자 바쁘게 대답하지 말라.

⚠ 혹시 잘못 대답하였다고 해서 혀를 내밀거나 머리를 긁지 말라.

⚠ 머리카락에 손대지 말라. 정서불안으로 보이기 쉽다.

⚠ 동종업계나 라이벌 회사에 대해 비난하지 말라.

⚠ 인사관리자 책상에 있는 서류를 보지 말라.

⚠ 농담을 하지 말라. 쾌활한 것은 좋지만 지나치게 경망스런 태도는 취업의지가 부족해보인다.

⚠ 대화를 질질 끌지 말라.

⚠ 질문에 대해 대답할 말이 생각나지 않는다고 천장을 쳐다보거나 고개를 푹 숙이고 바닥을 내려다보지 말라.

⚠ 자신 있다고 너무 큰 소리로, 너무 빨리, 너무 많이 말하지 말라.

⚠ 면접위원이 서류를 검토하는 동안 말하지 말라.

⚠ 과장이나 허세로 면접위원을 압도하려 하지 말라.

면접 모의질문과 평가지

 질문지

Q 반드시 준비해야 하는 질문 7

1. 자기소개
2. 지원동기   AI 기본질문
3. 성격의 장단점
4. 지원분야에 들어오기 위해 노력한 점
5. 회사에 대해 아는 대로 말하라.
6. 지원분야에서 일했던 경험
7. 회사가 본인을 꼭 뽑아야 하는 이유

Q 주요 기출문제

8. 가치관이나 좌우명
9. 입사 후 포부
10. 대학생활/그 외 사회활동/봉사활동/아르바이트 경험
11. 성공이나 실패한 경험
12. 리더십을 발휘한 경험
13. 마지막으로 하고 싶은 말

Q 지원분야에 대한 상식, 최근 이슈에 대한 질문, 순발력을 요구하는 질문

평가지

항목		평가 내용	
대기		지각(면접시간 정각까지 대기실에 입실 안 했을 경우 -10점 감점)	
복장	10	입사회사에 알맞은 단정한 복장 (지원회사에 최대한 예의를 갖춰 깔끔하게 오되 티셔츠와 청바지, 운동화, 지나치게 짧은 미니스커트, 가슴 깊게 패인 상의, 구겨진 옷, 샌들의 경우는 감점)	
헤어	10	단정(긴 머리는 뒤로 묶거나 올린 망머리, 헤어제품으로 잔머리 없애기)	
		남자와 여자 모두 이마 보이기	
입실	10	당당한 걸음걸이	
		서 있는 자세: 재봉선(남자), 공수법(여자)	
인사	10	자신감 있는 목소리 + 미소 + 눈빛	
		말과 행동 분리	
앉기	10	앉은 자세 불량 확인	
면접 중 자세 (진정성 보디랭귀지)	10	불필요한 몸동작 없게 하기	
		적절한 손동작	
		진지한 태도(웃거나 집중하지 못하는 등 진정성 없는 태도 안 됨, 자기 주장을 지나치게 강력히 피력하면 안 됨)	
		아이콘택트	
목소리 표현력	10	크기	
		떨림	
		강약	
		답변의 끝맺음	
면접내용 (준비성 논리성 자신감)	30	답변의 근거 제시(근거 제시 여부, 논리성, 타당성 있는지)	
		입사의지(얼마나 충실하게 답변하는지, 취업하고자 하는 마음을 잘 전달하는지)	
		준비도(취업분야와 직무에 대한 이해도, 준비성 있는지)	
		위기대처능력, 순발력(당황하거나 얼굴이 붉어지지 않고 소신을 정확하게 표현하는지)	
기타			
총점			

워크시트

예상 질문 답변하기

면접에 나올 만한 질문 리스트를 작성하고 답변해 보자.

1	질문	
	답변	

2	질문	
	답변	

3	질문	
	답변	

진로와
취업전략

Chapter 13

성공적인 직장생활

학습 내용   성공적인 직장생활을 위한 기본 매너와 커뮤니케이션 스킬을 터득한다.

1 성숙한 직장생활의 필요성

　최근 채용의 큰 특징 중 하나는 기업의 인턴제 도입이다. 인턴제란 임시적으로 직업을 수행하는 직업을 말한다. 기업들이 인턴십을 도입하는 가장 큰 이유 중 하나는 회사 입장에서는 실전에서 업무능력과 가능성, 인성 등을 종합적으로 재평가할 수 있는 기회로 사용할 수 있기 때문이다. 서류와 면접을 통해 합격하였다 하더라도 채용합격자와 일정 기간 직접 현업을 겪어 보았을 때, 인사담당자가 예상했던 기대에 부응하는 직장인도 있지만, 그렇지 않은 경우들도 많이 나타나고 있다. 이 기간 내에 적응을 하지 못하고 평가가 좋지 못하여 취업 준비한 것이 물거품 되어버리는 경우가 비일비재하다.

　그래서 내가 원하는 직장에 들어가면, 성공하는 것일까? 그렇지 않을 수도 있다는 것이다. 취업을 하고 나서 겪게 되는 여러 가지 변화와 환경을 이해하고 적응하지 못하면 힘겹게 들어간 회사에서 불행함을 느끼고 이직과 퇴사를 결심하고 다시 재취업의 자리로 돌아와 혼돈과 방황을 겪기도 한다.

　대학생활과 조직생활은 다르다. 대학생활보다 조직생활은 이윤을 창출하는 기업에서 공동의 규범과 규칙 아래 동료와 상사와 협동하여 직장의 규정을 준수하면서 원칙에 입각한 행동을 보여야 한다. 조직구성원이 공유하고 있는 가치와 신념, 행동양식 등도 잘 체득해야 한다. 자신이 맡은 일에 대한 전문성과 책임감 있게 처리하는 업무능력뿐 아니라 대인관계능력도 필수이다. 함께 일하는 동료, 하급자·상급자와의 원활한 관계를 유지하고, 리더십을 보이기도 하며 문제가 닥쳤을 때 지혜롭게 해결하는 갈등관리능력과 스트레스를 관리하는 능력도 필수이다. 이렇듯 취업을 통해 얻는 기쁨과 만족의 연속성은 내가 어떻게 조직에 적응하고 어떻게 일을 하느냐의 자신의 태도에 따라 달라질 수 있다. 따라서 성공적인 직장생활을 하려면 업무능력 이외의 자기관리능력이 필요하다.

그러므로 성공적인 직장생활을 위해서는 성숙한 사회인으로 조직에 적응하기 위한 기본적인 자기관리능력과 직장에서 지켜야 하는 예의범절, 매너, 에티켓을 알고 실천하며, 상대를 배려하고 공감하는 커뮤니케이션 능력이 큰 도움이 되기 때문에 직장에 입사하기 전에 익혀두고 훈련하는 것이 필요하다.

2 직장인이 갖추어야 하는 자기관리능력

1 인성의 함양

인성이란 사람의 성품 또는 각 개인이 가지는 사고와 태도 및 행동 특성을 말한다. 인성이란 말은 추상적이고 포괄적이며, 시대와 학자에 따라 다양하게 정의되고 있다.

존 로크 (J. Locke)	인성이란 어떤 사람이 자신의 욕구와 기분을 억제하고 이성의 명령에 따르는 것이다.
아리스토텔레스 (Aristoteles)	인성이란 자신뿐만 아니라 다른 사람과의 관계에서 바르고 옳은 행동을 하며 살아가는 것이다.
허친스 (Hutchins)	인간은 이성적, 도덕적 그리고 영적 존재라 하였다. 인간으로서 가치 있는 존재로 살아가는 것을 언급하였다.

인성의 필요성

조직생활을 하면서 성숙된 한 개인의 성향과 특성은 매우 중요하다. 한 개인이 모여 조직을 구성하고 함께 협력하여 일을 하기 때문이다. 인사담당자들 가운데 기업이 신입사원을 채용할 때 가장 중요하게 여기는 요소로 '인성'을 손꼽기도 한다. 인성이 뒷받침되지 않으면, 오히려 해악이 되는 경우도 있기 때문이다. 성숙된 인성을 가진 사람은 도덕적 문제를 인식하고 사고하고 판단하여 자신만의 바람직한 행동을 따르는 능력을 갖고 있다.

플라톤은 <국가론>에서 인간의 본성과 욕망에 대해 언급했다. 인간은 욕망 없이는 살수가 없다. 그래서 그 욕망을 어떻게 달성하느냐 하는지가 쟁점이 된다. 욕망은 중요한 동기유발의 근거가 되고, '좋은 욕망'을 갖고 나쁜 욕망을 멀리하는 방법을 배워야 한다고 지적하였다. 인성교육은 무엇이 행복하고, 무엇이 삶의 궁극적 목적인지를 깨닫도록 하는 것이라 설명했다. 또한, 목적 없는 존재란 있을 수 없다. 이를 위해서는 '내적 기준'을 마련해야 한다고 하였다.

② 자기존중

성숙한 직장생활을 하기 위한 기초 자세는 자기가 해야 할 올바른 일이 무엇인지를 판단할 수 있는 '도덕적 추리력'(moral reasoning)을 바탕으로 한 자기존중이다.

자기를 존중하는 일은 조직과 사회생활을 할 때에 근면성과 열등감의 발달과 밀접하게 관련되어 있다. 자존감을 바탕으로 바르고 좋은 내가 되어야 조직생활 및 사회생활을 잘할 수 있는 원천이 된다. 자기존중이 없으면 자기를 비하하거나 학대하게 되고 반사회적인 행동으로 나타나기도 한다. 이것은 이기적인 품성과는 전혀 다른 성질의 것이다. 자기 자신을 존중하고 수용하는 일이다.

③ 통제력

자기 자신의 일시적인 감정이나 행동을 통제하고 조절할 수 있는 능력을 함양시키는 일이다. 다양한 문제상황을 마주하게 될 때에 자신의 본능적인 행동이나 감정을 생산적이고 창조적인 방식으로 승화시켜 표현할 줄 아는 것이 중요하다. 훌륭한 인성의 소유자는 위기를 맞아 스스로를 잘 통제하고 바닥에 떨어져도 회복탄력성을 발휘한다.

자제력이나 의지력, 자기통제력이 강한 사람을 우리는 흔히 멘탈이 강하다고 표현하기도 한다. 멘탈이 강하다는 말은 역경을 이겨내는 힘이 강하다는 의미이기도 하다.

④ 책임감

책임감이란 스스로 하겠다고 말한 것을 이행하는 것으로 자신의 약속을 지키기 위해 열심히 노력하는 것이다. 책임감이 강한 사람은 자신의 말이나 행동의 결과를 받아들이고 규칙을 잘 따르며, 주변으로부터 신뢰를 받는다. 다른 사람의 실수에 대해 비난하지 않으며 자신의 행동에 책임을 지는 사회인이 되도록 하자.

⑤ 사회성

아리스토텔레스(Aristoteles)는 "인간은 사회적 동물이다."라고 하였다. 다른 사람이 이것에 대해 어떻게 생각하고 느끼는지 또는 나의 행동이 집단에 어떤 영향을 미치게 될 것인지를 생각해 보는 '사회적 조망 담당능력'(social perspective taking ability)을 가지는 것이 중요하다. 즉, 다른 사람들의 정서감정을 이해하면서 부드럽고 따스한 감성을 지니고 부끄러움을 알고, 감사할 줄 알며, 너그러운 성품으로 타인과 더불어 살아가야 한다.

다른 이들과 더불어 잘 살아가며 다른 사람을 나와 동등하게 생각하고 정서와 감정을 이해하는 것은 중요하다. 조직 안에서 동료들과 협조적이고 우호적인 분위기 속에 생활할 수 있기 때문이다. 직원 간에는 명령이나 지시적인 말 대신에 정중한 요청의 말을 사용하며, 공무 중에는 개인적인 부탁이나 사적인 이야기를 자제하고 동료끼리 특정 직원에 대해 험담하고 모함하는 일은 되도록 자제하는 것이 좋다. 어려울 때는 상호 간에 협조하고 자기의 이익만 챙기지 않도록 친한 동료 간에도 공식적인 호칭을 반드시 사용하는 것이 좋다. 부하직원에게는 인격을 존중해 주면서 자기에게 부여된 업무 주도권과 권위를 유기하거나 포기하지 않고 활용한다. 갈등과 대립의 상황을 마주하였을 때는 상대의 입장에서 적극 경청하고 타협과 회피, 협상 등으로 해결한다.

6 지적 호기심

사실적 지식과 사회적 기술을 습득하는 올바른 현실감각을 가지는 것도 중요하다. 이상이나 기대를 지나치게 앞세운 나머지 현실을 무시하고 행동하는 것은 타인과의 원만한 인간관계를 방해하거나 자신의 환경을 정확히 이해하는 데 방해가 될 수 있다. 현실에 기초한 사고는 건전한 인성의 필수적인 요소가 된다. 지식과 교양을 쌓도록 한다.

7 시간관리 능력

인간에게 가장 공평한 선물은 '하루라는 시간'이다. 누군가는 하루 25시간이 주어지고 누군가는 하루 23시간이 주어지지 않는다. 똑같이 주어진 시간을 가지고 어떻게 활용하느냐에 따라 성공하는 삶을 사느냐가 판가름되기도 한다. 그래서 성공한 사람들의 특징 중 한 가지로 '시간관리'가 손꼽힌다. 조직에서 일을 할 때, 시간에 대한 계산 없이 업무 마감시간이 되어서야 일을 몰아서 처리하거나 하면 일의 능률과 결과물의 품질이 저하될 수 있다. 또한, 시간관리를 잘못하면 조직에서의 평가, 보상과 연관된 대가를 치르기도 한다. 시간관리를 잘하려면, 중요한 일과 중요하지 않은 일의 경중을 따지고, 일의 소요시간을 여유 있게 예상하며 지금 바로 해야 할 일의 우선순위를 정하는 것이 중요하다. 자신의 시간을 확보하고 중요도에 따라서 처리하는 습관을 갖도록 하자.

8 문제해결능력

문제란 무엇인가? 문제란 성과 수준에 대한 현상과 목표의 차이^(엇갈림)이다. 우리는 가끔 '문제가 없다'고 말하는 사람이나 기업을 본다. 좋아 보일지 모르지만, 이런 경우는 한마디로 지금 처한 상황을 제대로 파악하고 있지 못하거나, 아니면 목표 없이 살아가는 위험한 상태이다. 그래서 우리들은 항상 자신을 반성하고 목표를 세우는 일을 반복하고 있는 것이다. 그러나 진정한 혁신을 위해서는 이미 보이는 문제의 확인이 아닌, 보이지 않는 문제를 찾아 문제의식을 갖는 습관이 필요하다.

구 분	창의적 문제	분석적 문제
문제제시 방법	현재 문제가 없더라도 보다 나은 방법을 찾기 위한 문제 탐구로 문제 자체가 명확하지 않음	현재의 문제점이나 미래의 문제로 예견될 것에 대한 문제 탐구로, 문제 자체가 명확함
해결방법	창의력에 의한 많은 아이디어의 작성을 통해 해결	분석, 논리, 귀납과 같은 논리적 방법을 통해 해결
해답 수	해답의 수가 많으며, 많은 답 가운데 보다 나은 것을 선택	답의 수가 적으며, 한정되어 있음
주요 특징	주관적, 직관적, 감각적, 정성적, 개별적, 특수성	객관적, 논리적, 정량적, 이성적, 일반적, 공통성

🔍 현재 자신이 처한 상황에서 자신이 겪고 있는 문제를 다음 순서에 따라 적어봄으로써 해결해보도록 하자.

현재 겪고 있는 문제는 무엇인가?

_____

이러한 문제가 발생한 원인은 무엇인가?

_____

문제의 원인들을 해결하기 위한 대안은 무엇인가?

_____

3 인사 예절

1 예절의 개념

　예절이란 일상생활이나 직장생활에서 서로 마찰을 없애고 불편을 덜기 위한 마음가짐이며, 나를 낮추고 상대방을 존중하는 마음자세이자 행동규범을 말한다.

2 인사의 의미

　인사란 인간관계의 시작과 끝을 알리는 신호이다. 즉, 직장에서 상사나 동료와 마주 대하거나 헤어질 때, 예의를 표하는 말이나 행동을 말한다. 처음 만나는 사람끼리 서로 이름을 통해 자기를 소개하거나 은혜를 갚거나 치하할 일에 대해 예의를 차리는 말이나 행동을 말한다.

3 인사의 효과

- 상대를 존중하고 배려하며 경의를 표시하는 수단이 된다.
- 상대에 대한 친밀감을 표현하는 수단이 된다.
- 비즈니스 석상에서 회사와 개인의 이미지 향상에 작용한다.
- 원만한 대인관계의 발판이 된다.

4 인사의 방법

- 상대를 향하여 몸을 돌리고 눈을 바라본다.
- 친절한 마음가짐으로 밝은 미소로 인사한다.
- 상체를 굽히고 숙인 상태에서 잠시 멈춘 뒤에 자연스럽게 상체를 천천히 올린다.
- 상대를 바라보고 미소를 짓는다.

5 인사의 종류

인사의 종류로는 목례, 보통례, 정중례가 있다.

목례	보통례	정중례
가벼운 인사로, 15도 안팎으로 가볍게 고개를 숙이며 동료나 친한 사람, 복도에서 재차 상사를 마주 대할 때, 서로 눈이 마주 쳤을 때, 엘리베이터 안에서 일 반적으로 한다.	일반적으로 일상생활에서 많 이 하며, 30도 정도 고개를 숙 인 상태로 한다. 고객을 맞이 할 때, 손윗사람을 마주했을 때 자주 한다.	45도 정도 고개를 숙인다. 낯 선 사람과 첫 만남을 가졌을 때나 감사의 표현과 사과의 표 현, 면접에서와 같이 중요하고 격식을 차려야 하는 자리에서 많이 사용된다.

6 인사 주의사항

- 상대가 말 걸 때까지 외면하기보다 먼저 밝은 표정으로 인사하는 것이 좋다.
- 성별과 의식행사에 적합한 공수를 해야 한다.
- 평상시 남자의 공수는 왼손이 위로 올라오고 여자는 오른손이 위로 올라오게 포갠다. 단, 흉사 시에는 평상시와 반대로 남자는 오른손이, 여자는 왼손이 위로 올라오게 포갠다.

4 전화 예절

1 전화 예절의 필요성

직장에서 급한 일을 처리할 때, 방문하여 얼굴을 맞대고 처리하는 대신 신속하고 간편한 전화 수단을 사용하는 경우가 많다. 얼굴이 보이지 않지만 전화를 대응하는 태도나 표정은 자연스럽게 배어 나오기 때문에 친절한 마음으로 에티켓을 지키는 것이 필요하다.

2 전화 응대의 특성

- 기업과 고객의 첫 번째 접점
- 기업과 고객의 얼굴 없는 만남
- 기업의 이미지를 대변

❸ 전화 매너의 기본

- 신속, 정확, 친절을 원칙으로 한다.
- 전화벨이 울리자마자 받는다.
- 세 번 이상 벨소리가 울리기 전에 받는다.
- 분명하고 정확하게 자신을 밝히고, 밝고 명랑한 목소리로 응대한다.
- 메모지와 펜을 전화기 옆에 준비해둔다.
- 메모를 작성할 때에는 전화한 상대의 이름과 소속, 용건, 연락처, 전화받은 시간을 기재한다.
- 상대가 전화 끊는 것을 확인하고 끊는다.

❹ 전화받고 거는 응대법

전화받기

- "감사합니다. ○○○부 홍길동입니다.", "안녕하세요. ○○○부 홍길동입니다."
- 전화를 바꾸어 줄 때에는 "○○○씨, ○○○에서 온 전화입니다." 하고 조용히 바꾼다.
- 장시간 기다려야 할 경우, "죄송하지만, 시간이 좀 걸릴 것 같으니 끊지 말고 기다려 주십시오."라고 친절히 말한다.

전화 걸 때

- 통화할 내용을 간단히 메모 후 통화한다.
- 자신을 밝힌 후 "죄송하지만, ○○○부의 홍길동씨 부탁합니다."라고 통화할 사람을 바꿔줄 것을 부탁한다.
- 통화상대가 부재 중일 경우는, 언제쯤 통화가 가능한지 정중히 확인하고 다시 전화하겠다든지 메모를 부탁한다.
- 전화를 건 쪽에서 먼저 끊는다.

⚠ 주의점

- 상대를 오래 기다리게 하지 않는다.
- 상대방의 말을 끊지 않는다.
- 전문용어 및 업계용어를 함부로 사용하지 않는다.
- 요조체 "~하셨죠"보다는 다까체 '~하셨습니까'를 사용한다.

5 명함 예절

1 명함 예절의 필요성

명함은 비즈니스 석상에서 처음 보는 사람과 인사하며 회사, 개인의 신분을 증명하는 도구로 사용된다. 상호 신분과 위치를 확인하고 그에 맞는 예의를 취하는 기준이 되기 때문에 명함을 준비하고 전달하는 방법과 관리까지 익혀두는 것은 중요하다.

2 명함 준비

- 사람을 만나러 갈 땐 명함부터 준비한다.
- 만나는 사람의 인원 수보다 여유 있게 준비하는 것이 좋다.
- 반드시 명함지갑에 넣어 깨끗이 준비한다.
- 명함을 빼서 건넬 때 상대에게 이름이 보이는 방향으로 넣어둔다.
- 받은 명함과 구별하여 관리한다.

③ 명함 전달방법

- 자기를 먼저 소개하는 사람이 두 손으로 명함의 위쪽을 잡고 자기의 명함을 정중하게 건네며 자신의 이름을 밝힌다.^(일어서서 한다)
- 명함을 받은 사람은 두 손으로 명함의 아래쪽을 잡아서 받는다.
- 한 손으로는 자기의 명함을 주면서 다른 손으로는 상대의 명함을 받는 동시교환은 부득이한 경우가 아니면 실례이다.
- 이름을 복창하며 관심의 표현과 인사를 한다.
- 상대로부터 받은 명함은 손에 들고 상대에 맞는 직함을 부르며 대화를 하거나 앉아서 대화를 나눌 경우에는 테이블에 가지런히 올려놓는다.
- 대화가 끝나면 명함집에 넣어 소중히 간직한다.

명함주기	
	▶ 상대를 미소 띠고 바라보고
	▶ 자리에서 일어서서 목례를 한 후 가슴 높이에서 준다.
	▶ 명함의 방향은 이름이 상대방 쪽으로
	▶ 소속과 이름, 간단한 인사말

명함받기	
	▶ 상대를 미소 띠고 바라보고
	▶ 목례를 한 후 두 손으로 받는다.
	(왼손으로 받고 오른손으로 받친다)
	▶ 동시에 건넬 때, 오른손으로 주고 왼손바닥으로 받는다.
	▶ 이름 확인과 관심의 표현과 인사를 한다.

4 명함 건네고 받기 주의사항

- 명함을 받고 명함을 주지 않는 건 실례이므로 미처 준비하지 못했을 경우 꼭 사과멘트를 한다.
- 명함 상태가 불량하지 않도록 간수한다.
- 명함을 이리저리 뒤적거리며 찾지 않도록 한다.
- 받은 명함을 보는 둥 마는 둥 집어넣는 행위는 실례이다.
- 받은 명함으로 부채질이나 손장난하지 않는다.
- 상대방 앞에서 상대의 명함에 메모하지 않도록 하며, 명함을 다시 꺼내보지 않도록 이름을 익힌다.

워크시트

미래 나의 명함

미래 나는 어떤 명함을 가지고 있을지 상상하며 명함을 만들어 보세요.

6 이메일 예절

1 업무 이메일의 중요성

정보통신이 발달하면서 컴퓨터뿐 아니라 휴대폰에서 비즈니스 커뮤니케이션을 하는 시대가 왔다. 이제는 시간과 공간에 구애받지 않고 언제 어디서든 메일을 주고받고 확인 하며 업무처리를 빠르고 스마트하게 하고 있다. 업무의 많은 비중이 이메일로 진행되는 만큼 이메일을 효과적으로 주고받는 법과 기본 매너를 익혀야 효율적으로 일처리를 할 수가 있다. 이메일을 잘못 보내거나, 첨부내용을 빠뜨리거나, 너무 장황하여 핵심 정보를 파악할 수 없게 보내는 등 문제가 생기면, 다시 돌이킬 수 없는 문제를 유발할 수 있기 때 문이다. 업무 이메일 작성방법을 기억하고 목적성을 명확히 하여 효과적으로 전달하도록 해야 한다.

2 업무 이메일의 특성

- 수신인과 발신인이 존재한다.
- 신속하게 전달하여 시간이 절약된다.
- 간편하게 정보를 첨부 가능하고 공유 가능하다.

3 업무 이메일 작성방법

- 제목의 경우, [공지], [자료]와 같이 [   ]를 활용한다. 메일의 내용을 전문적으로 전 달할 수 있다.

> 예시　[○○분석파일 첨부] 하반기 매출목표 달성 아이디어 제안입니다.

- 메일 도입부분 공손한 인사로 시작한다.

> 예시　○○○님 안녕하세요. 더운 날씨 잘 보내고 계신지요.

- 수신인을 밝힐 때, 회사와 부서명 ○○회사 ○○팀, 이름과 직위 ○○팀 ○○부장을 쓴다.

- 메일의 내용은 장황하게 쓰지 않도록 하며, 결론부터 말한 다음 그에 대한 설명을 간략하게 쓰고 데이터를 첨부하는 것이 좋다.

- 중요한 메일은 확인절차를 재차 걸치고 실수가 없도록 한다. 특히 첨부파일 여부와 첨부파일 이름, 확장명을 확인한다.

- 업무차 메일을 보냈더라도 인간미가 느껴질 수 있는 간단한 끝인사로 마무리한다.

- 수신인에 따라 나보다 높은 윗사람에게 정중한 표현인 '배상'^(엎드려 절함)을 쓴다.
'드림' 연배를 떠나 서로 존중할 때, 또는 윗사람이 아랫사람에게 드릴 때 좋다.
'올림' 윗사람에게 받친다는 의미로 순수한 우리말이며 배상과 같은 뜻이다.

- 여러 명에게 동시에 보낼 때는 '참조' 기능을 쓴다.
메일을 받는 모두에게 메일의 주소가 표시되며, 숨은 참조는 수신자의 주소가 나오지 않는다. 따라서 수신자들이 서로 잘 모를 경우는 숨은 참조 기능을 활용하는 것이 좋다.

> 예시　늘 감사한 마음입니다. 앞으로도 잘 부탁드립니다.
> 오늘도 좋은 하루 되시기 바랍니다.
> 건강 잘 챙기십시오.

7 언어 예절

1 언어 예절의 중요성

"그 사람의 인격은 그 사람의 대화를 통해 알 수 있다."라는 말이 있다. 언어는 상대방과의 대화로서 인간 사이에서 서로 상대방을 존중하는 예의를 표현하는 많은 부분을 차지하고 있다. 특히, 조직에서 의사소통의 수단으로 주로 문자나 문서보다도 가장 많이 활용하는 것은 언어이다. 상대에게 어떻게 말하느냐는 대인관계에서 중요한 기술이며, 곧 사회성을 평가받는 기술이기 때문에 언어 예절을 익히는 것은 즉, 대인기술을 익히는 것이며 나아가 사회생활을 잘하는 기술의 밑거름이 된다.

대인기술(interpersonal skill) = 사회기술(social skill)

2 언어 예절 기본

상대방에게 몸을 돌려 상대 눈을 보며 존중하며 대화한다. 상대에게 불편함을 줄 수 있는 행동은 피한다. 예를 들어 대화 시 팔짱을 끼거나 다리를 떨거나 고개를 치켜들거나 하는 불필요한 행동을 피하고, 상대를 존중하고 있다는 느낌으로 차분하고 자신감 있는 자세로 이야기한다.

3 언어의 분류

언어는 내용적 측면과 비언어적 측면으로 나뉠 수 있다. 내용적 측면은 어떤 단어를 사용하고, 어떠한 순서로 논리적으로 말하느냐를 고심하는 것이다. 비언어적 측면은 말의 내용 외에 몸짓이나 표정과 같은 태도를 주의해서 사용하는 것이다.

4 조직에서 효과적인 의사소통 화법

 쿠션 대화법

■ 딱딱한 의자에 쿠션을 깔고 앉아 딱딱함을 부드러움으로 보완하는 대화법

> 예시　죄송하지만 OOO해주시겠습니까.

 YES_BUT 화법

■ 상대방 말에 공감해 주면서 자신의 의견을 이야기한다.

> 예시　A씨 의견도 좋네요. 그런데 저는….

| 냉면 먹자! | 아 냉면도 좋지! 그런데 오늘은 정말 춥지 않아?
육개장도 잘 어울릴 것 같다. |

칭찬 대화법

■ 추상적이지 않고 구체적으로 하는 것이 좋다. 즉각적으로 한다. 소유물찬사, 인격찬
사, 비교찬사 등을 활용한다. 칭찬의 대상의 복장이나 소유한 것을 칭찬하거나 그
사람이 한 행동을 보고 특성과 연관시켜 칭찬하거나 다른 사람과 다른 그 사람만의
고유한 희소행동을 칭찬하거나 칭찬할 때 사물이나 인물 등 비교를 통해 구체적으
로 칭찬하는 방법 등이 있다.

> "사람들은 자신에 대해 인정하는 이야기를 할 때
> 뇌에서 돈이나 맛있는 음식으로 인해 느끼는 행복감과 비슷한 반응이 나온다."
>
> 하버드대 다이애나 태미르 교수

 "김대리, 어제 프로젝트 보고서를 ○○○시간까지 시간 맞춰서 설득력 있게 잘 작성해줘
서 정말 고맙네. 다른 업무랑 빠듯했을 텐데 책임감 있는 모습 보여줘서 고맙네."

거절하기

■ 무조건 상대의 의견을 수용하고 들어줘야 하는 것은 아니다. 때로는 나의 의견을
정확하게 밝히고 거절을 해야 하는 상황들이 있다. 부당한 것을 요구하거나 너무
무리한 요구를 상대가 해오면 거절할 수도 있어야 한다.

■ 말의 시작부분에 쿠션을 활용하는 것도 좋다.

■ 거절을 할 때는 거절하는 이유를 먼저 설명한다.

■ 상황에 따라 단호한 목소리의 어조와 표정으로 말해야 한다.

도움 구하기

■ 다른 사람에게 도움을 구할 때는 상대방을 바라보면서 얼굴표정을 부드럽게 하고, 목소리를 명확하게 하여 자신감 있는 태도를 보이는 것이 좋다. IF 구절을 사용하면 부드럽게 청하는 느낌을 줄 수 있다. 이때 비언어적 대인기술이 매우 중요하기 때문에 눈빛과 표정에 신경 써서 부드럽게 청한다.

 예시   "만약 당신이 ~를 해준다면, 정말 고맙겠습니다."

반감 & 동감 & 공감의 대화하기

| 01 반감을 사는 대화공식 | 상대의 의견을 공유하지 않는다.
자신의 이야기만 전한다.
"나는 이렇게 생각합니다." |

| 01 동감을 사는 대화 공식 | 정보만을 공유한다.
"무슨 뜻인지 알겠습니다." |

| 01 공감대를 형성하는 대화 공식 | 정보와 감정까지 공유한다.
**"무슨 뜻인지 알 것 같습니다.
저도 정말 기쁩니다."** |

워크시트

시간관리 훈련

시간관리 훈련: 취업 전, 현재를 기준으로 작성해보자.
우선, 취업 전 해야 할 일을 빈칸에 작성해보자.

아래 4분면에 우선순위를 분리하여 채워넣어 보자.

워크시트

의사소통 실습지

현재 불편한 관계에 있는 가족, 친구, 연인 등이 있거나 과거에 그런 경험이 있다면,
그때 왜 갈등이 일어났는지 다시 한번 떠올려 보고 자세하게 적어내려간다.

구체적 상황 요약	
행동	
감정	
표현	
느낀 점	

참고문헌

- 국가직무능력표준
- 기업분석으로 통하는 취업의 정석
- 대학생을 위한 진로와 취업, 김이준·황은희, 가담플러스
- 워크넷
- 진로취업 매뉴얼, 학지사
- 청년CAP + 진행자 프로그램, 한국고용정보원
- 청년취업역량 프로그램, 한국고용정보원
- NCS기반 취업과 진로, 교문사

저자 소개 | 이 주 진

- 선샤인스피치 커뮤니케이션 대표
- 서강대학교 미디어교육학 석사
- 인덕대학교 외래교수
  - 진로와 취업 기초교육
  - 취업전략
  - 취업실무
- 덕성여자대학교 커리어개발센터 외래교수
- 숙명여자대학교 평생교육원 외래교수
- 동아방송예술대학교 교육평가위원
- 한국경제신문 면접칼럼
- 국가공무원 인재개발원, 법무연수원 출강
- 저서: 진로와 취업, 말을 잘하는 법 3M법칙만 기억하라
- E-mail: sunshinesp@naver.com

NCS반영
진로와 취업전략

초판1쇄 발행 2019년 2월 25일
3판1쇄 발행 2023년 1월 10일

저   자 이 주 진
펴 낸 이 임 순 재
펴 낸 곳 (주)한올출판사
등   록 제11-403호
주   소 서울시 마포구 모래내로 83(성산동, 한올빌딩 3층)
전   화 (02)376-4298(대표)
팩   스 (02)302-8073
홈페이지 www.hanol.co.kr
e - 메 일 hanol@hanol.co.kr
I S B N 979-11-6647-298-5

진로와 취업전략